革であそぶ❶
How to Leather Craft
革細工入門

森下雅代

美術出版社

はじめに

　革は私たち人類にとって土や石、木や草などとともに、太古より身近に存在した重要な天然素材でした。私たちの祖先は生活に必要なものつくりの素材として動物の皮革や骨、腱、牙などを用いてきました。彼らは簡単な石器や骨器を使って身の回りの必要品をじつに巧みにつくり出したのです。このように革による造形活動は本来、専用の道具や、特別の工具を必要としないものだったのです。

　この本では、だれでも簡単に取り組める革を使った楽しいものつくりを提案しています。使用する工具、道具も最小限にとどめ、手軽にはじめられ、身の回りの日用品でも応用できるように工夫しました。素材になれたら、革細工用の用具を使ったいろいろな技法にもチャレンジしてみましょう。

　老若男女を問わず幅広い層に革細工を楽しんでもらうための入門書にしました。これまで革を扱ったことのないビギナーを対象としていますが、すでに革細工を楽しんでおられる方にも新鮮な内容の作例をいくつか紹介しています。つくる人の個性が発揮できるように展開が可能な提案を中心に編集しました。作例にこだわらず、自由に表現してください。

　また近年、教育の現場、病院や施設でのリハビリテーション、ディケアなどで作業療法としての革細工が取り入れられることが多くなってきました。これらの現場では、むずかしい技法の習得からはじめるのではなく、気軽に楽しい作品つくりを目指しましょう。でき上がった作品を日常生活の中で役立たせる楽しみもまた格別です。親しい人へのプレゼントとしても喜ばれます。「つくってみようカンタン革細工」の頁では、安価なスキ落とし革と裁ち落とし革を利用した作品つくりをご紹介しています。費用もあまりかからず、特別の技術も道具も使わずにできるので、まずはじめてみませんか。

2005年4月　　　　　　　　　　　　　　　　　　　　　　　　　　森下雅代

CONTENTS

はじめに 2
口絵 4

つくってみよう カンタン革細工 11
●用具と材料
写真ケースをつくろう 12
革モザイクでつくる —— ペン立て、うつわ、状差し、革絵など 13
●色つけの手順
○△□のミニトレー 14
●形のつけ方
とりの状差し 15
ペン皿・葉っぱのトレー 16
わすれな盆 17
ふくろうの印鑑立てとペン立て 18

材料と用具の基礎知識 20
革について／植物タンニンなめし革／クロムなめし革／革の買い方／
革ひも・切り革・キット／用具／金具／着色剤／接着剤／仕上剤

革ひもを組む —— コースター 22
革ひもでつくる —— 物入れ 23
●革ひもの組み方
革ひもでつくる —— テーブルセンター 24
●スリット編み
革ひもを編む —— 花かご 25
●革ひもの編み方　●編みひものつなぎ方
端革でつくる —— おひなさま 26
残り革でつくる —— 花 27
色革で遊ぶ —— 小物 28
プリント革でつくる —— プチ巾着 29
色牛革のメッシュ 30
巾着／小物入れ／ブックカバー／カードケース／小銭入れ／携帯電話ケース
カシメ止めで仕立てる —— バッグ 32
●トリック5本編み
ミニみにバッグ —— 動物シリーズ 34

はじめてみよう 用具を使った革細工 35
●スタンピング法　●刻印のいろいろ
刻印の選び方・打ち方／線を引く 36
革の着色法／三原色でつくる色 37
●筆のいろいろ　●ふき染め　●色さし染め　●アンティック染め
スタンピングと色つけのバリエーション 38
しおり／キーホルダー／ブローチ／ペンダント
キーリング／トライアングルコインケース 40
三ツ折りキーケース／ミニバッグ 41
●カシメの打ち方　●ホックの打ち方
マスコット財布 —— 角型・丸型 42
●口金の入れ方
小銭入れ・印鑑入れ 43
スタンピングモチーフ あ・ら・か・る・と 44
ふくろうBOX小銭入れ 46
●ボックスポケットのつくり方
横型メガネケース 47
●アンティック染めの手順
かがり仕立て 48
●かがり仕立て用穴あけ道具　●かがりひもの準備　●レース針のいろいろ
●ランニングステッチ　●巻きかがり　●クロスステッチ

カービング技法にチャレンジ 49
●スーベルナイフの持ち方　●基本刻印の打ち方
カービングの小銭入れ 50
カービングの手帳ケースとキーホルダーつき小銭入れ 51
カービングのメガネケース 52
カービングの札入れ 54
アンティック染め —— 下染めと防染・ペースト染料塗布の関係 ... 55
カービングのプチバッグ 56
●手ひものつくり方　●ヒネリのつけ方　●金具のつけ方
カービングのバッグ 58
●シングルコードバンステッチ
手縫いでつくる —— オイルレザーの小物 60
手縫いの基礎技法 61
●ロウの引き方　●針へ糸を通す方法　●穴のあけ方　●革の縫い方
●糸のつなぎ方

掲載作品キット一覧 62

4　つくり方は、ペン立て、うつわ p.13／ふくろうの印鑑立てとペン立て p.18〜19／ペン皿・葉っぱのトレー p.16／わすれな盆 p.17

状差し p.13／とりの状差し p.15／写真ケース p.12

6　つくり方は、花かご p.25／革ひもでつくる物入れ p.23／ブックカバー、カードケース、小銭入れ、携帯電話ケース p.31

カシメ仕立てのバッグ p.32〜33／メッシュの巾着 p.30／プチ巾着 p.29／ミニみにバッグ p.34

つくり方は、カービングのバッグ p.58〜59／カービングのプチバッグ p.56〜57／オイルレザーの小物 p.60／
キーリング、トライアングルコインケース p.40／三ツ折りキーケース、ミニバッグ p.41／マスコット財布 p.42

横型メガネケース p.47／カービングのメガネケース p.52／カービングの札入れ p.54／小銭入れ、印鑑入れ p.43／
カービングの小銭入れ p.50／ふくろうBOX小銭入れ p.46／しおり、キーホルダー、ブローチ、ペンダント p.38〜39

つくってみよう
カンタン革細工

ハサミと糊
（カッターでもよい）

水と容器
（スポンジも用意しよう）

皮革用液体染料
（クレヨン・サインペン・アクリル絵具も使える）

牛床革と
裁ち落とし革を使って…

革の組立て、金具づけ、仕立てが楽しめます。

1 下敷き **2** ゴム板 **3** 木槌 **4** 打ち台 **5** ホック打ち **6** カシメ打ち **7** ハトメ抜き
（ゴム板・下敷き・木槌は日用品や大工用具で代用できる）

写真ケースをつくろう

革のスキ落としで安価な床革、裁ち落としの端革を使い
手軽に楽しめる写真ケースです。

〈用意するもの〉
クレヨンと皮革用染料、糊、ハサミなど──p.19参照

〈つくり方の手順〉
1 牛床革に写真やカードが入れられるように窓を
  あける(ハサミ、カッターなどを使う)。
2 クレヨンでしっかりと輪郭線を描く。
3 皮革用染料で色つけをする。
4 革片をいろいろな形に切って糊づけをする。

色つけの方法──p.17参照

仕上げ方

両面テープ
または糊づけ

革ひもを通しておく
(リボンでもよい)

四角をカシメで止めてもよい

牛床革1ミリ厚のもの2枚使用。作例は13cm×13cm

革モザイクでつくる —— ペン立て、うつわ、状差し、革絵など

牛床革にクレヨンで下絵を描き、皮革用液体染料を上からかけると、
クレヨンの部分は色をはじいて面白い効果がでます。
その上に革片を貼ってモザイクを楽しもう。

空きビンや空カンに貼りつけて、でき上がり。

革絵
スケッチをもとに細かく貼る。

〈色つけの手順〉

1 クレヨンで下絵を描く。

2 皮革用液体染料を上からかける。

3 革片を貼り付けて変化をつける。

○△□のミニトレー

少し厚めの牛床革を土台にして成形してみよう。

牛床革は表面（吟面）がスキ落とされているが、植物タンニンなめし革の特性（成形性など）は残されているので、簡単に形をつけることができます。試してみよう。

- 牛床革2ミリ厚のもの使用（植物タンニンなめし成牛革のスキ落とし）色のつけ方・革片の貼り付け方などは自由に応用してください。
- クレヨンで下描きした上に皮革用液体染料をかける。クレヨンが色をはじくので、部分的に色差ししてもはみ出さないで塗り分けできる。

直径12cm

一辺13cm

11×11cm

〈形のつけ方〉

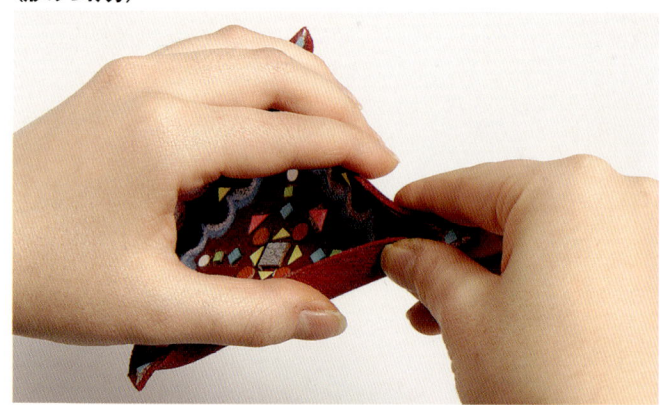

濡れているうちに、指先でつまむようにする。

手のひら、指の腹でつまむようにしてまるみをだす。

とりの状差し

実物大

土台（2ミリ厚の牛床革）

1ミリ厚の牛床革

カシメで止める
p.41参照

ペン皿・葉っぱのトレー

牛床2ミリ厚使用

ハトメ抜きの大きさと革の色もいろいろ。

革片を大きさや形、色ごとに集めておくと作業がしやすい

わすれな盆

〈つくり方の手順〉

1 クレヨンで輪かく線を描く。

2 部分ごとに筆で染料をさしていく。

3 革片を貼りつけていく。

中心のフチの部分は、ハトメ穴の抜き残りを丸く貼りつけた。糊は酢酸ビニール樹脂エマルジョンタイプのものが使いやすい。はみ出しても乾くと透明になり、またふき取ることができる。

花芯は細長い革を組み合わせたもの。

花芯部分はハトメ抜きで抜いた丸の大小を、同心円上に並べて貼ったもの。地の色を少し残して変化をつけた。

ふくろうの印鑑立てとペン立て

印鑑の土台はフィルムケース、ペン立ては紙管を使っています。
空き瓶や空きカン、プラスチック容器など、
廃物を利用してつくってみよう。

用意するもの
頭・羽根・くちばし用牛革
（植物タンニンなめし1.4ミリ厚のもの）
目玉用牛革　大小各2枚
（植物タンニンなめし1.0ミリ厚のもの）
足用牛革　2枚
（植物タンニンなめし1.0ミリ厚のもの）
牛床革　1枚
（厚さ1.0ミリ厚のものを容器に合わせて調整する）
目玉用カシメ　2組（クロ）
●印鑑立てはカシメ小、ペン立てはカシメ中を使用しているがハトメ抜きの抜き革でもよい。

実物大

頭

〈つくり方手順〉

1. 頭、羽根、くちばし、足を裁断する。
2. 本体部分と頭の真中を丸く抜いておく。
3. 目玉用は、革をハトメ抜きかハサミで切り抜いておく。
4. 本体の牛床革にクレヨンで模様を描き、皮革用液体染料を上からかけておく。
5. 頭、羽根の部分を染める。モデラ、刻印などで模様をつけてもよい。
6. 頭、羽根、くちばし、足を本体に貼りつける。羽根、くちばしは少し浮かせて形をつけておくと表情が出る。
7. 目玉は2枚合わせて本体にカシメ止めする。カシメがないときは丸抜き革を貼りつけておく。
8. 容器を背中側から包み込むようにして貼りつけ、正面脇を合成ゴム糊（強力タイプ）でしっかりと接着し、形を整える。

フィルムケースの大きさに合わせて牛床革の長さを決定する。

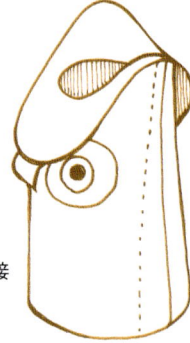

まず背中側から包み込むように接着し、次に正面側を貼りつける。

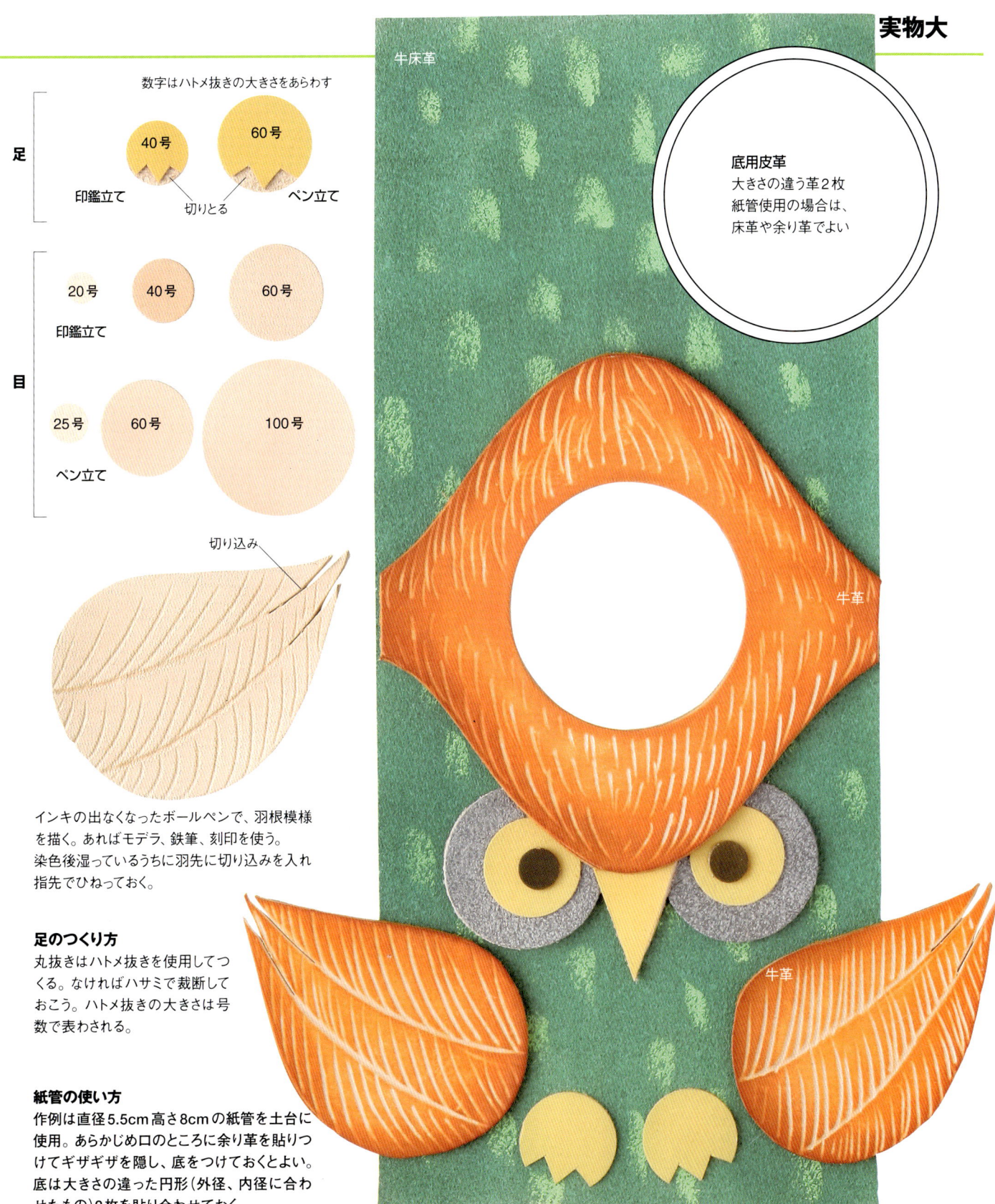

材料と用具の基礎知識

革（Leather）について
皮（Skin・Hide）はそのままでは腐ったり硬くなったりする。これをなめし剤で処理して、安定させたものを革（Leather）という。古来民族や地域によってさまざまななめし法が行われてきたが、手工芸用によく使われるのは植物タンニンなめし革である。現在市場にはクロムなめし革が多く出まわっているのでこれらの使い方も研究してみたい

植物タンニンなめし革
渋なめし革ともいい、植物の浸出液などに浸けてなめしたもの。淡褐色をしていて時間がたつと茶褐色になる。堅牢で重く、伸びや弾性は小さい。吸水性、吸湿性に富む。水で濡らすと形がつけやすくなり、乾くとそのまま固定する。染色仕上げ前の中間製品がクラフト用に市販されている。

牛床革 厚い革をスキ落とした残り革。安価であるが可塑性があり、染色もできるので造形素材として多用できる。

豚革 吟面（表面）から肉面に3つの毛穴がある。軽くて丈夫、特に摩擦に強い。日本で自給できる唯一の原料皮。

羊革 柔らかく大きさも手頃で使いやすい。軽くしなやかだが少し弱い。

山羊革 丈夫でしなやか。表面には特有のシボがある。

牛革 用途によって異なる厚みのものを使い分けよう。ベルトなどには3ミリ厚。バックには1.6～1.8ミリ。小物には1.3～1.4ミリ。

クロムなめし革
19世紀半ばに発見されたなめし法。生産性がよいので、現在ではこのなめし法が多く使われている。断面が青みがかったグレー。タンニンなめし革に比べて軽く柔らかい。伸びが大きく弾力性も強い。吸水性、可塑性は小さいので形成や細工はしにくい。着色、仕上げが終わっているので、豊富な色や質感を利用してさまざまな展開ができる。使い方を工夫してみよう。

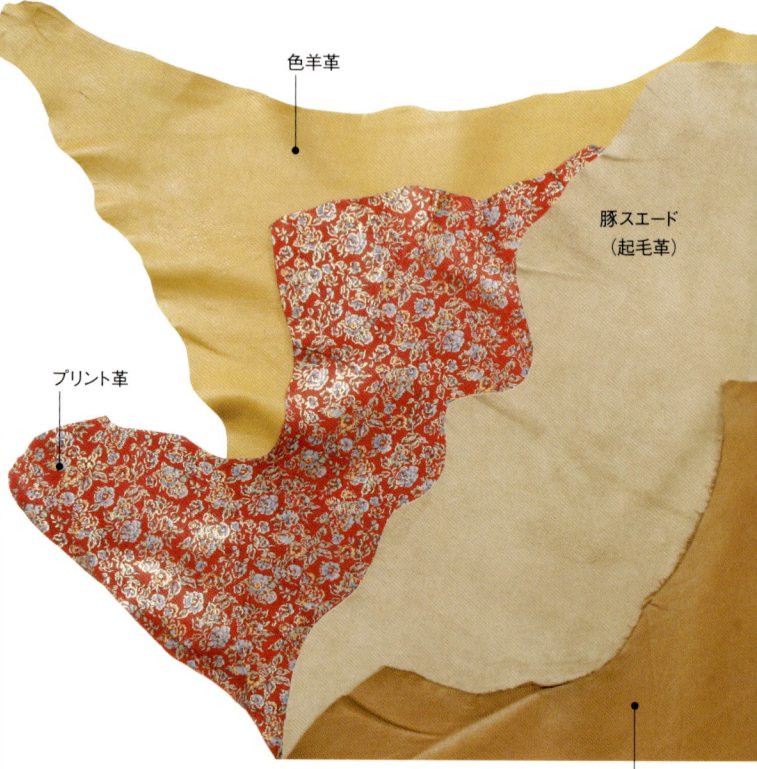

色羊革 / 豚スエード（起毛革） / プリント革 / 色牛革

革の買い方
1枚単位で売られている。大きさ形状とも1枚1枚異なっている。取引は面積で行われるので、大きさ1デシ（10×10cm）当たりの単価を掛ければ1枚の価格が算出できる。

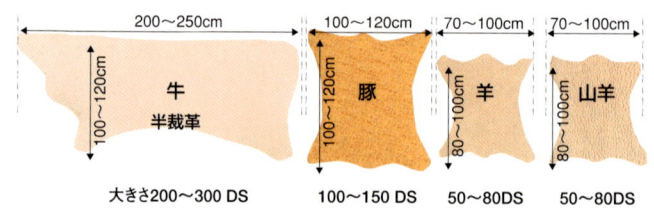

牛 半裁革 200～250cm / 100～120cm　大きさ200～300 DS
豚 100～120cm / 100～120cm　100～150 DS
羊 70～100cm / 80～100cm　50～80DS
山羊 70～100cm / 80～100cm　50～80DS

革ひも・切り革・キット
素材店では使いやすいように断裁した革や、キット化したものが扱われている。革ひもはかがり仕立てやアクセサリーなどに使えるように、革を細く裁断してひも状になったものが多数販売されている。カラー・巾・長さや仕上げ方の違うものや磨いたり、両端をスキ落としたり、丸くしたものなどがある。用途に合わせて使い分けよう。

用具――これだけあれば楽しめる

- 1 フェルト
- 2 木槌
- 3 ゴム板
- 4 平目打ち
- 5 スーベルナイフ
- 6 刻印各種
- 7 トレスモデラ
- 8 打ち台
- 9 カシメ打ち小中
- 10 ホック打ち中
- 11 ディバイダー
- 12 革切りハサミ
- 13 ハトメ抜き
- 14 かがり針
- 15 カッター

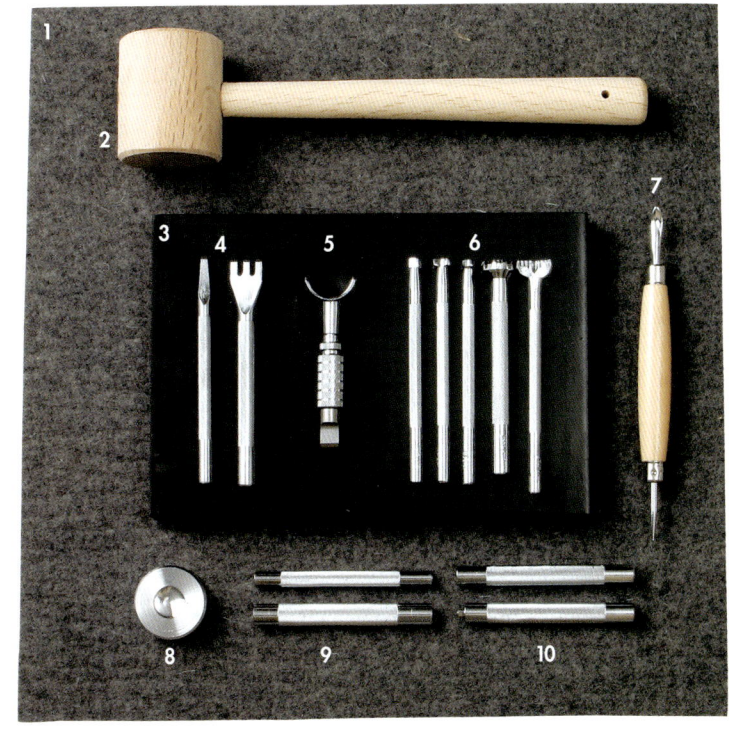

金具

キー金具／ホック／ブローチピン／ヒネリ／口金／ストラップ金具／カシメ／バックル／ナスカン／リング・Dカン／ビーズ

着色剤

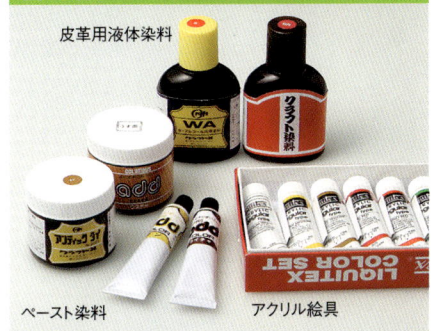

皮革用液体染料／ペースト染料／アクリル絵具

塩基性染料は植物タンニンなめし革とよく結合し、鮮明で美しい色がでる。また使いやすく調整した液体タイプのものがよい。顔料（アクリル絵具）ペースト染料もよく使われる。

接着剤

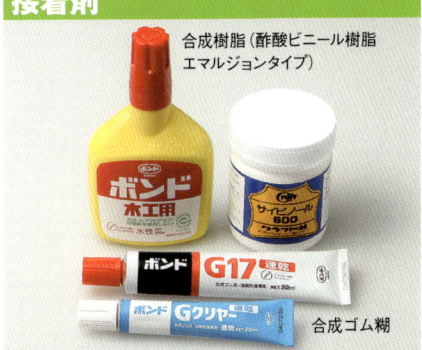

合成樹脂（酢酸ビニール樹脂エマルジョンタイプ）／合成ゴム糊

合成樹脂系のものは乾くと透明になり、また水溶性のため扱いやすい。合成ゴム系は接着力が強く速乾タイプなので、それぞれ使い分けよう。

仕上剤

スプレーラッカー／レザーラッカー／下塗り剤／水性仕上剤

水性仕上剤は扱いやすいが耐水性は若干おちる。革用ラッカーは乾燥が早く耐水性、耐摩耗性のすぐれた皮膜をつくる。下塗りのレザーバインダーとともに使う。

革ひもを組む
ーーコースター

細長く切った革を組み合わせてコースターにしました。
植物タンニンなめし成牛革の表面に、型押ししたものがあるので利用したり、また裁ち落としに打刻や、着色をしても楽しめます。
1本ずつ入れ替えて、色の取り合わせや配色の割合を試してみよう。

実物大

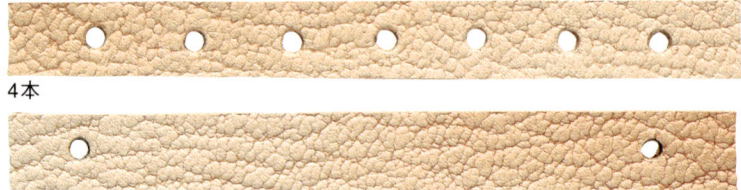

4本

10本

平織り	綾織り1×2	綾織り2×2
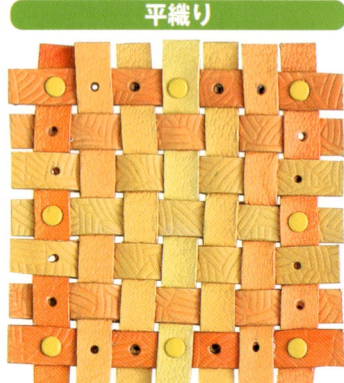		
同系色の配色	トーン、色相を対称的に	類似色の配色

暖色でまとめる。グラデーション効果	対称色を効果的に	黒と銀、無彩色でまとめる

寒色でまとめる。グラデーション効果	カラフルに…	カシメの色もアクセントに

革ひもでつくる —— 物入れ

コースターと同じ要領で革ひもを組み、底にする。
底ができ上がったら四辺を立ち上げて
枠をはめ箱状にする。
組み終わったら全体を軽く湿らせて形を整える。
革の先端を指でまるめておくとその形のまま固定する。

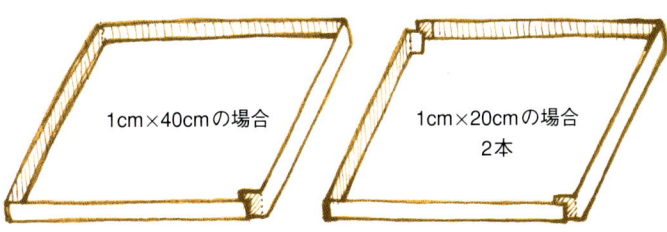

1cm×40cmの場合　　1cm×20cmの場合 2本

枠を2個つくっておく。角のところで重ねて糊づけしておく。

革ひもの組み方

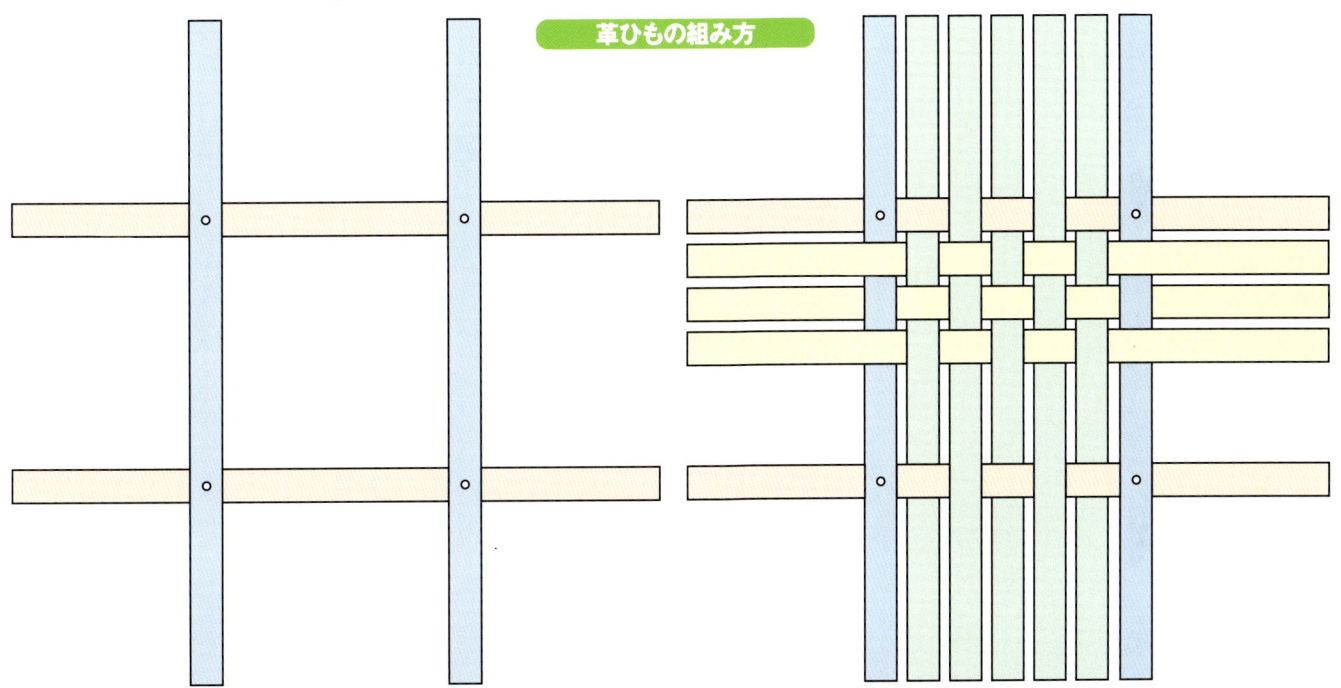

1 はじめに井型をつくる。4本組み合わせて四角をカシメで止める。

2 四角の中へ順次編み込んでいく。

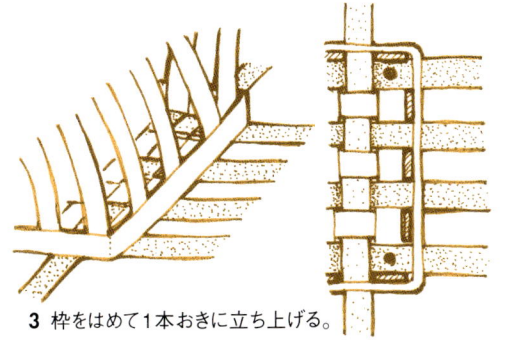

3 枠をはめて1本おきに立ち上げる。

4 2本目の枠をはめ、交互に組み合わせる。

外に折り曲げて糊付け、2本目の枠をおさえる。

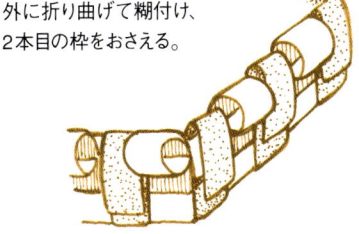

5 残った革ひもの先端を指でまるめる。

実物大　1cm×20cm
穴のないもの10本、穴あき4本

外枠用　1cm×40cm 2本　または　1cm×20cmのもの4本　　あらかじめ好みの色に染めておく

革ひもでつくる
テーブルセンター

つくり方はコースター、物入れと同じで、
端の部分をスリット編みにして変化をつけました。
革ひもは寸法を変えたり、色を変えたり、
またアクセントになる色は、彩りを考えて使ってみよう。

スリット編み

革の切り込みに先端を差し入れくぐらせて、しっかりと形をつけておく。少し湿らせておくとやりやすい。

止め方の要点 カシメで止めておくと編みが動かない。カシメの数は四角を止めるのに最低4組だが、必要なら適宜増やす。

実物大 1cm×20cm　　　革はどんなものでもよいが、タンニンなめし革の方がボリュームがでるのでおすすめ。型押し革も使ってみよう。

革ひもを編む ── 花かご

革ひもの編み方

縦ひも ── 牛レース3ミリ巾、45cmのもの17本　　● ── 差しひも

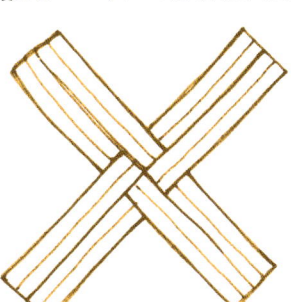
1 井げたをつくる。縦ひも16本使用。

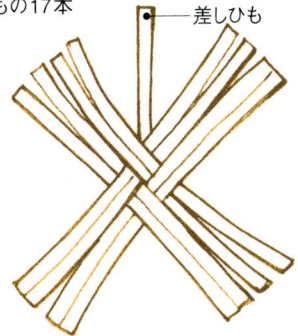
2 差しひもを1本加えて17本にする。

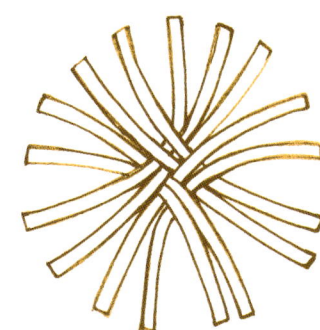
3 中心部分を糊づけし、放射状にする。

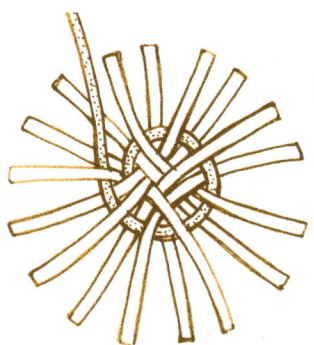
4 編みひもで図のように編んでいく。

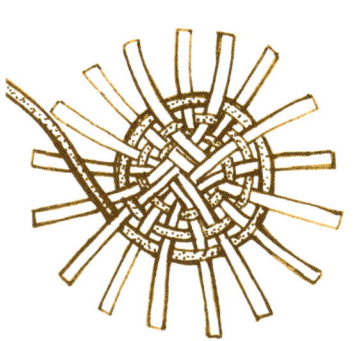
5 1本おきに順次編みひもを通して、底の部分をつくる。

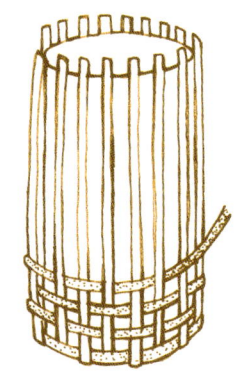
6 底が出来たら立ち上げ、筒状に編み上げる。

編みひものつなぎ方

編みひも ── 細長く切ったものを使用。斜めに薄くスイて糊づけする。

茶筒などを芯にすると編みやすい。口の部分は折り込んで糊づけしておく。

参考例

月あかり　藤島幸花

端革でつくる
おひなさま

豚スエード革には、さまざまな模様をプリントしたものが市販されています。それらの裁ち落としを利用した作品です。

フィルムケースを土台にひな飾りをつくろう

〈つくり方の手順〉
1. 頭髪用は革を黒色染料で裏表とも染めておく。
2. フィルムケースに合わせて頭髪を形成し、根元を輪ゴムで止めておく。
3. 顔用皮革に目鼻口を油性サインペンで描き入れる。
4. 重ねえり、衣装本体、扇（しゃく）の順にフィルムケースに貼り込んでその上に顔、頭髪を接着する。
5. もとどり、リボンを結んで表情をつける。（金色のひも、リボンなどを用意しておく）

白牛革

頭髪用のみ
50%に縮小（200%に拡大すると実寸になります）

頭髪用　6cm×11cm　2枚
植物タンニン
なめし成牛革
0.5ミリ厚

前髪
顔の部分を切り抜いておく。
1.0ミリ位の厚さの革と金色革の貼り合わせ。またはアクリル絵具のゴールドを塗布しておく。

実物大

重ねえり　3枚×2

彩りよく張り合わせておく。

衣装用　プリントスエード　男びな、女びな用

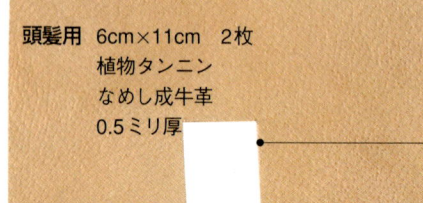

キー金具やストラップ金具をつけてマスコットをつくろう

〈つくり方の手順〉
1. 白牛革に油性サインペンで髪と顔を描き入れる。
2. 重ねえり、着物下前、上前の順に糊づけする。
3. 土台の白牛革に合わせて、はみ出た部分を切り落とす。
4. 裏革のプリントスエードと表革を外表に合わせ、周り3〜5ミリを接着する。底の部分は3cmくらい残す。
5. ヒシメ打ちで穴あけし、周りを手縫いする。底から綿を入れ、ふっくらと仕上げる。とじ合わせて金具をつける。p.61参照

白牛革
0.5ミリ厚2枚（表）
プリントスエード
1枚（裏）

金色革
1.0ミリ厚位の革に金色（アクリル絵具）を塗っておく。または金色革を貼りつける。

重ねえり　3枚×2
3色彩りよく

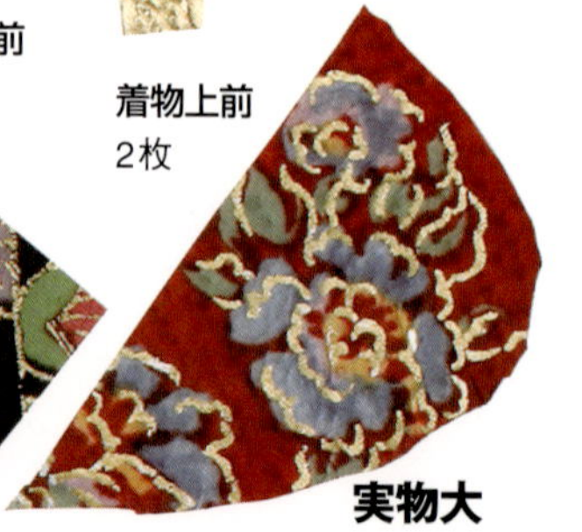

ほかに手縫い糸と綿少々

着物下前　2枚

着物上前　2枚

実物大

残り革でつくる──花

大きさ、形も違う裁ち落とし革を集めて、
アレンジ花をつくっておくと楽しいインテリアに…

〈つくり方の手順〉

1 花びら、花芯、葉をそれぞれ好みの色に染め、指先でひねって形をつける。花びらの中心と葉の根元に、針金を通す小さな穴をあけておく。
2 先を曲げた針金の先に花芯を取りつけ、二ツ折りにして先端を結んだりひねったりしておく。
3 花びらに針金を通し、根元からテープを巻きつけておく。
4 適当な位置に葉を取りつける。テープは薄い革をひも状に切ったものを巻きつけてもよい。

成形の要点 植物タンニンなめし革なら何でもよいが、山羊革、羊革などが成形しやすい。豚、牛などは少し薄めのものが成形しやすい。細長いひも状のものは編んだり、まるめたりすると花芯になる。造花用針金とテープがあれば簡単にできる。

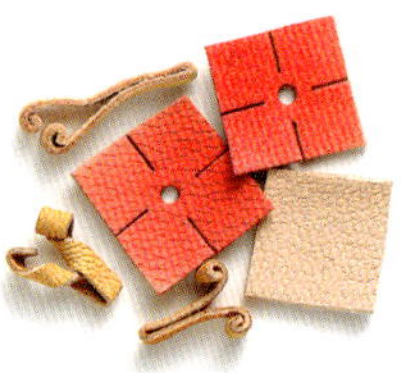

色革で遊ぶ
——小物

革はほつれないので、切りっぱなしで細工できます。
キリやハトメ抜きで穴をあけておけば、
毛糸や麻糸、刺しゅう糸、革ひもなどでとじ合わせられます。
組み立てはカシメやホックなど、革細工用の道具があれば簡単にできます。

- つまんで根元で寄せて糸でくくりつける
- 2色の毛糸でとじ合わせ
- 麻糸で巻き縫い。穴はハトメ抜き4号
- 革ひもにビーズをあしらって
- ハトメ穴あけ
- カラフルな革、カラフルなカシメ
- 星のカシメがワンポイント
- 革ひもで巻きかがり
- カシメ止め
- 糸でダブル縫い
- ブレスレット
- ベルトにカラフルにつなぎ合わせて

ブレスレット、ベルトなどはシリーズ第2弾に満載!

プリント革でつくる
―― プチ巾着 大・中・小

作例は豚スエードにカラフルな文様をプリントしたものを使用しました。スエード以外でも、衣料用の柔らかい革を使ってみるのもよいでしょう。

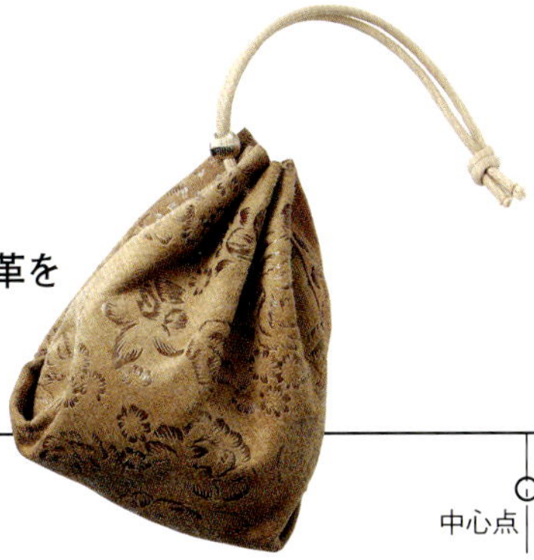

巾着中 20cm×40cm　**実物大**

ハトメ抜き 7号　　左右を重ねてランニングステッチする（革ひも20cmくらい）

中心点

ハトメ抜き 15号

巾着小 15cm×30cm　または　15cm×15.5cm（重ねしろを含む）2枚

ハトメ抜き 12号

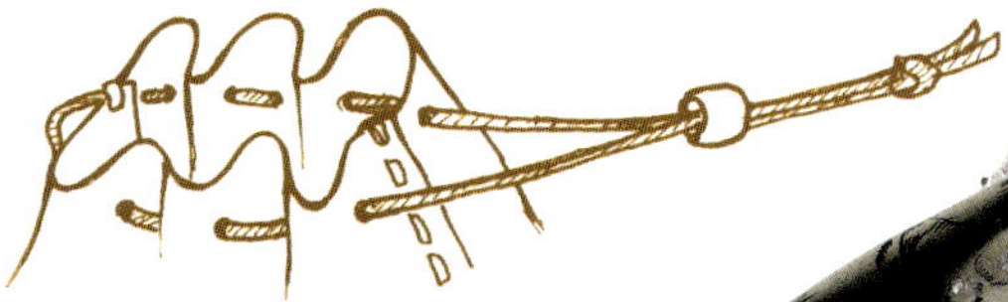

ワックスコードとビーズの通し方

タニ折り

山折り

中心点

〈底・マチのつくり方〉
1枚仕立ての場合

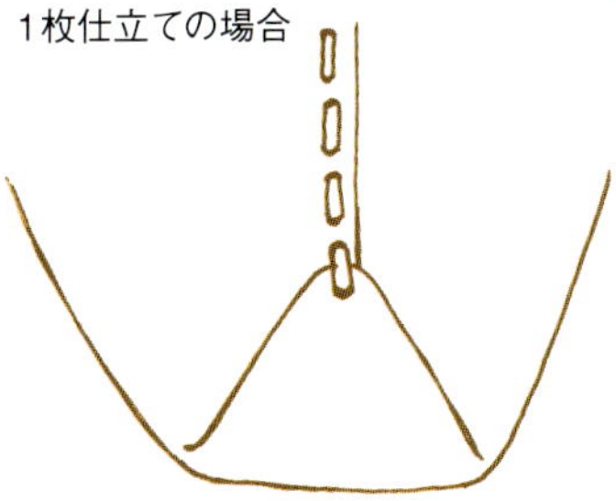

2枚仕立ての場合

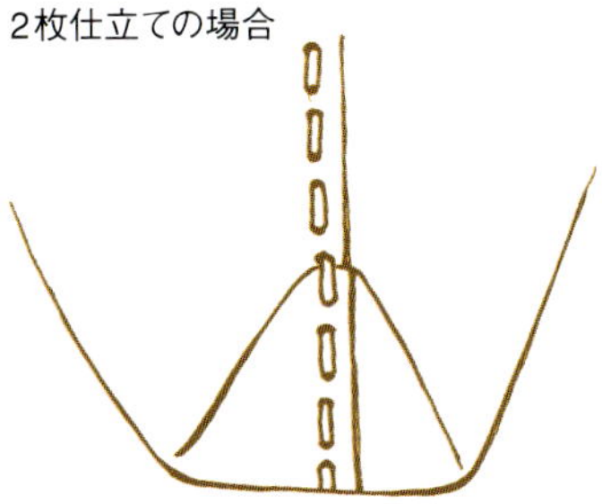

2枚の革をつなぎ合わせて使う場合は、中心で糊づけし、穴をあけてランニングステッチをしておく。彩りのよいものを2枚組み合わせる。

参考作品
巾着大
サイズ 30cm×60cm
つくり方は中、小に同じ。

タニ折り

山折り

29

色牛革のメッシュ
——巾着、小物入れ

色革に斜めに切り込みを入れ、彩りよく巾広の革ひもを通してみよう。

実物大

地の色牛革も前後で配色を変えたりして楽しめます。

同寸の色牛革2枚を外表にして、縁だけ3～4ミリ接着してから穴あけするとよい。

周りはハトメ抜き7号で穴あけし、かがり用牛革レースでランニングステッチをする。口の部分は革ひもやワックスコードを通してビーズで止める。

ブックカバーやカードケース、小銭入れ、携帯電話ケースなどいろいろなものに…

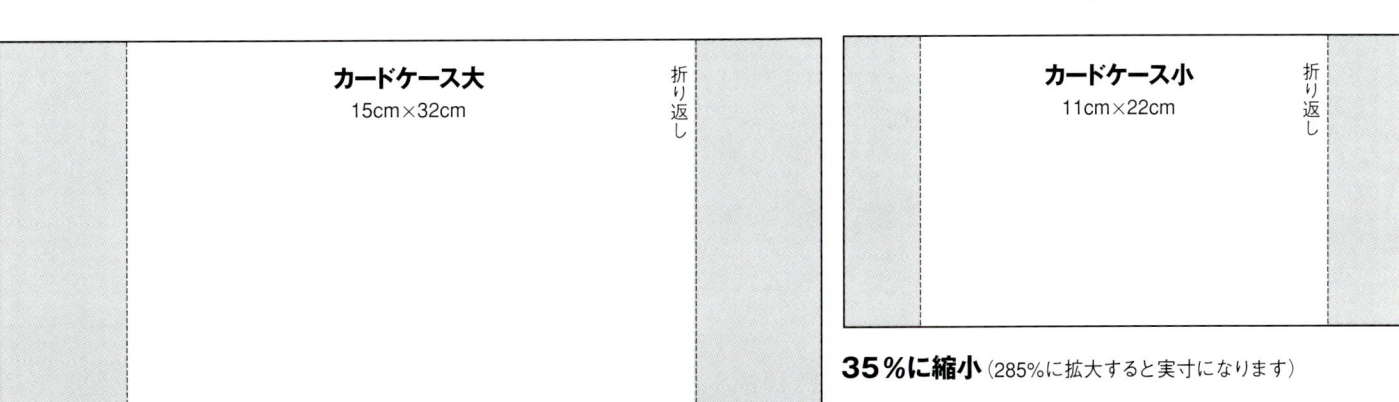

カードケース大	カードケース小
15cm×32cm 折り返し	11cm×22cm 折り返し

35%に縮小（285%に拡大すると実寸になります）

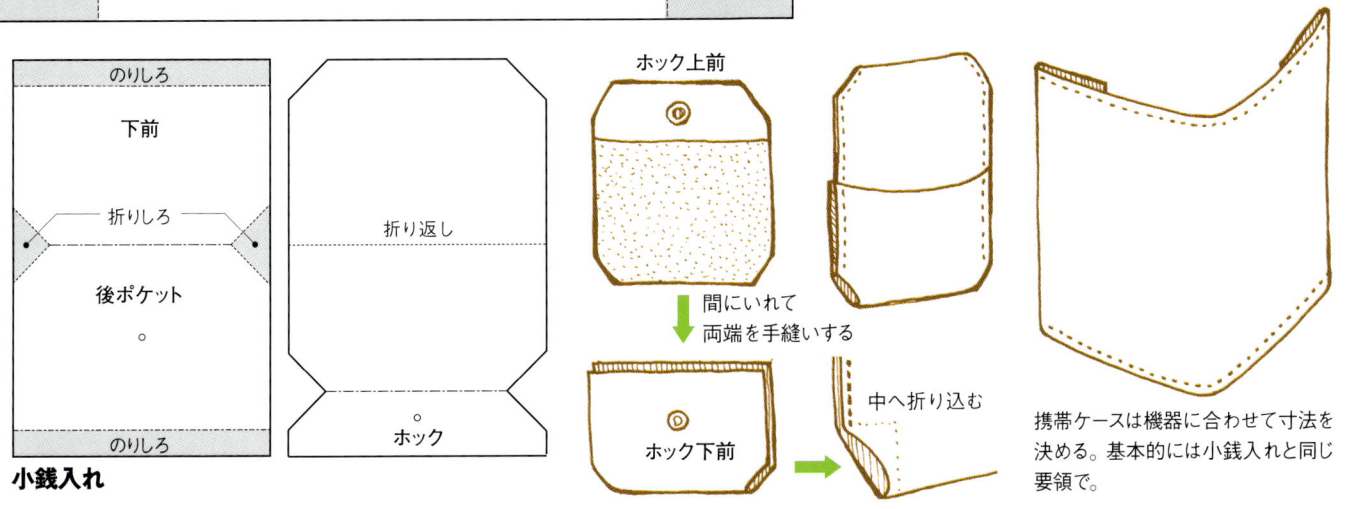

小銭入れ

携帯ケースは機器に合わせて寸法を決める。基本的には小銭入れと同じ要領で。

カシメ止めで仕立てる
──バッグ

少しハリのある色革を使ったり、オイルレザーや型押し革を好みの色に染めたものなど、いろいろに応用できます。

○ホック下前

応用例 型押し革をアンティック染めしたもので仕立てたもの

〈つくり方の手順〉
1 皮革を裁断して裏、ヘリの始末（みがくなど）をする。
2 カシメ穴、ホック穴をハトメ抜き8号であける。
3 フタ部分をトリック5本編みしておく。
4 本体の底、マチ部分を図のように折りたたみ、ハトメ穴を重ね合わせておく。
5 カシメを取り付けて打ち、組み立てる。ホックも打っておく。
6 手ひも、フタを同じようにカシメで止めてでき上がり。

作例は玉カシメを使用しているが、普通のカシメでもよい。
カシメの形、大きさによって打ち具が異なるので気をつける。

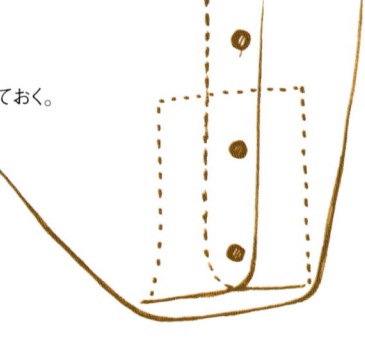

トリック5本編み

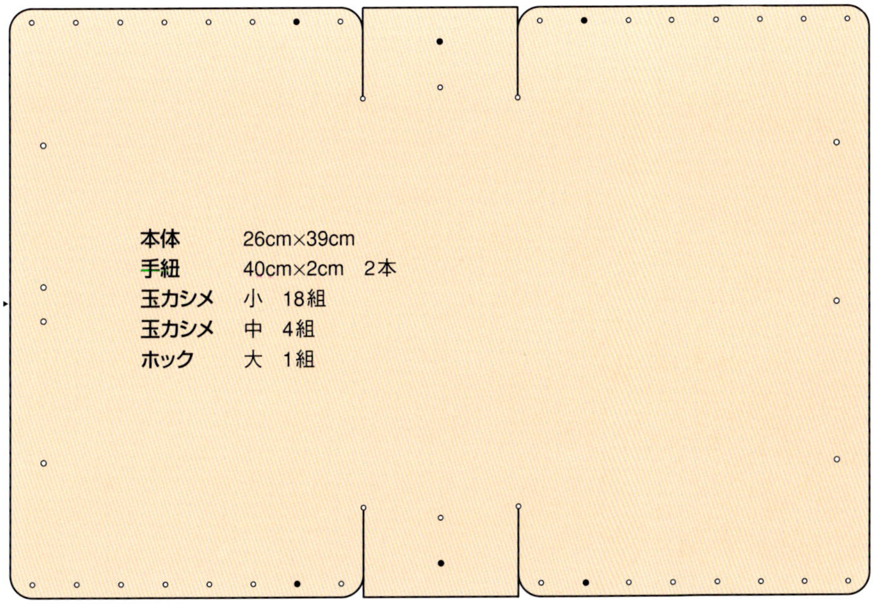

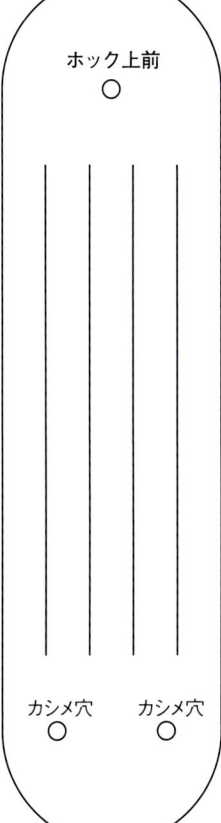

フタ　実物大

ホック上前

カシメ穴　カシメ穴

カシメ穴

カシメ穴

手紐用カシメ穴

本体　　26cm×39cm
手紐　　40cm×2cm　2本
玉カシメ　小　18組
玉カシメ　中　4組
ホック　　大　1組

90％に縮小
（111％に拡大すると実寸になります）

ミニみにバッグ──動物シリーズ

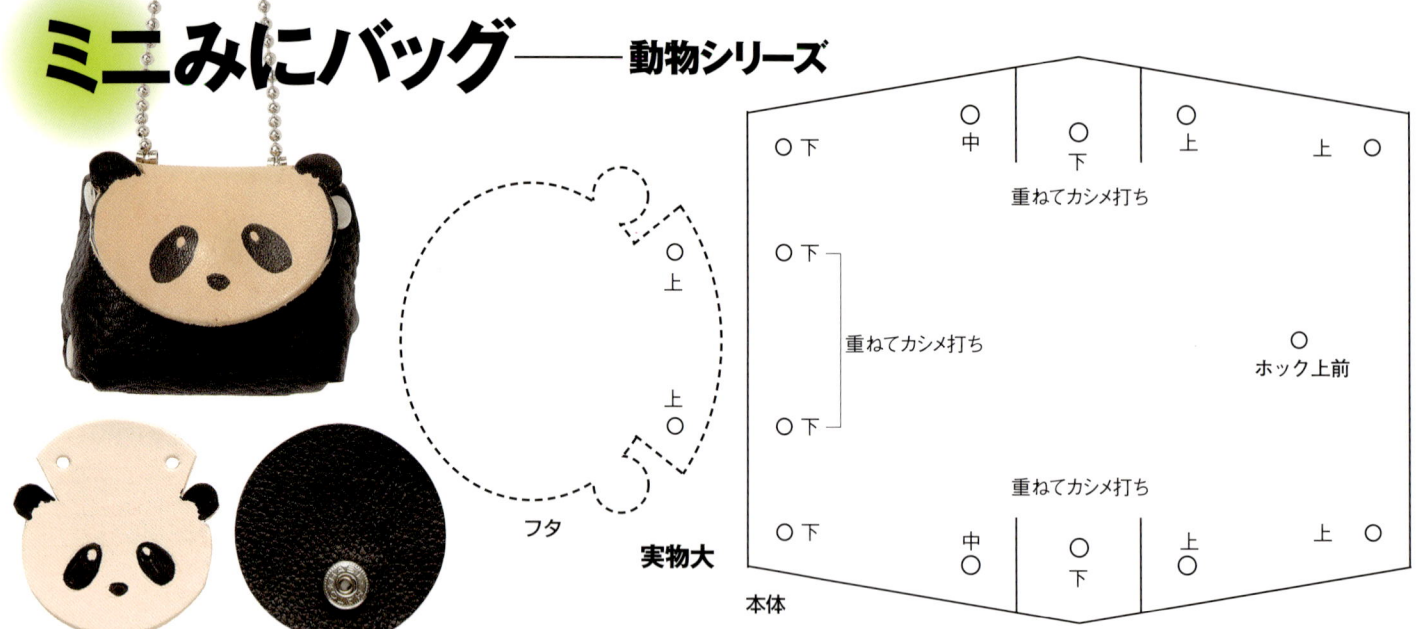

実物大

フタ

本体

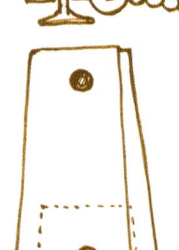

〈キット内容〉
革本体　1枚
フタ　表用牛革　1枚
　　　裏用豚革　1枚（ホックつき）
カシメ小　6組
ボールチェーン　1本（コネクターつき）
金具　2個

〈つくり方の要点〉
1　フタ用牛革に油性サインペンで動物の顔を描く。
2　裏から軽く湿らせて耳を立て、首をヤマ折りにしておく。
3　裏用豚革をGボンドでしっかりと貼りつけ、耳の周りを切り取っておく。
4　本体にフタをカシメ止めする。この時ボールチェーンをはさみ込んだ、金具を取りつけてからカシメ打ちをする。ボールチェーンはハサミで二分してコネクターを取りつける。金具は両サイドにつけてもよい。
5　本体を図のように重ね合わせ、同じ記号のハトメ穴どうしをカシメで止める。金具を打つときは、オールマイティプレートを差し込んでおいてからカシメ打ちでしっかりと打つ。

はじめてみよう
用具を使った革細工

スタンピング法
── 革に文様をつける方法

革を水で軽く湿らせて刻印を打つと、形がくっきりと打刻できる。用具は必要なものから少しずつ揃えていこう。

刻印は垂直に持ち、木槌は水平に持ってまっすぐに打ち下ろす。

〈必要なもの〉
ゴム板
（または大理石）
下敷き
（フェルト、タオルなど）
木槌
刻印各種
水を入れる容器
スポンジ

刻印のいろいろ （この本で多用したものを中心に）

刻印のナンバーはクラフト社カタログによる

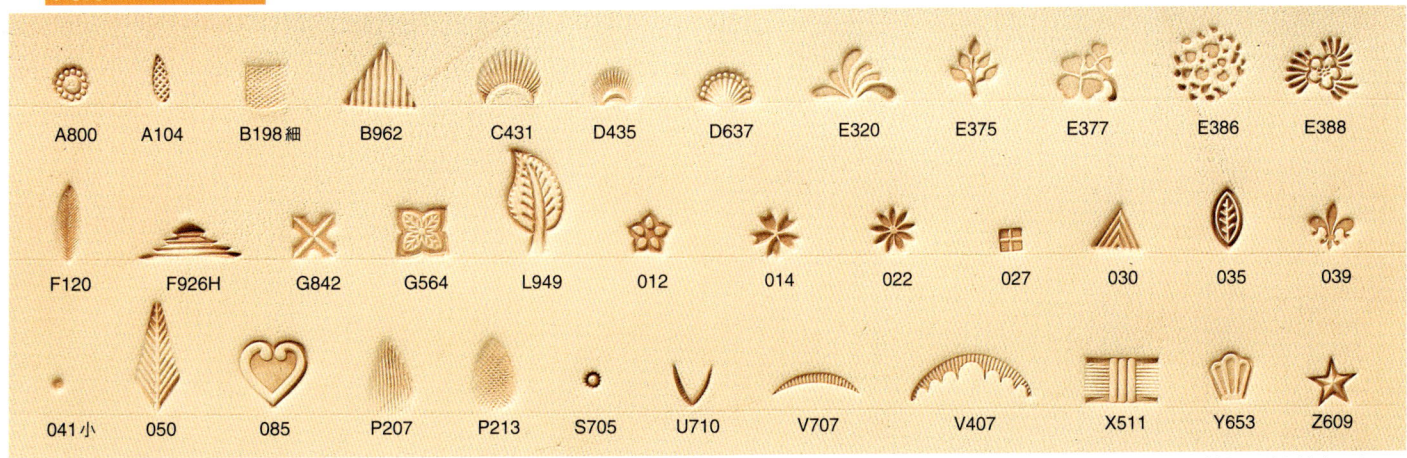

A800	A104	B198細	B962	C431	D435	D637	E320	E375	E377	E386	E388
F120	F926H	G842	G564	L949	012	014	022	027	030	035	039
041小	050	085	P207	P213	S705	U710	V707	V407	X511	Y653	Z609

刻印は多種類のものが市販されている。アルファベットは用途を表わすので、同じ記号のものは同じ目的で使われることが多い。数字によって刻印の形を特定できるが、メーカーによって若干異なることがあるので注意しよう。（同じ番号でも形が違っていたり、同じ形のものが別の番号だったりすることがある）

刻印の選び方・打ち方

はじめて刻印を選ぶときは、まずあまり大きくないものを組み合わせながら、新しい文様がつくれることを目安に好きな形を見つける。大きな刻印や複雑な形のものは、打刻に力も要領もいるのでなれてから使うようにする。ズレたり一方がかすれたりしない、使いやすい5本を選んで組み合わせのバリエーションにした。打刻だけでなく、色使いでも変化が楽しめるので工夫してみよう。

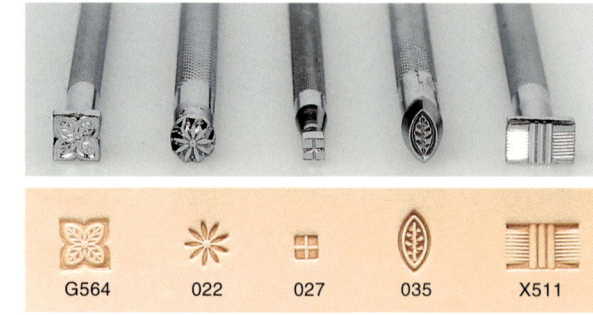

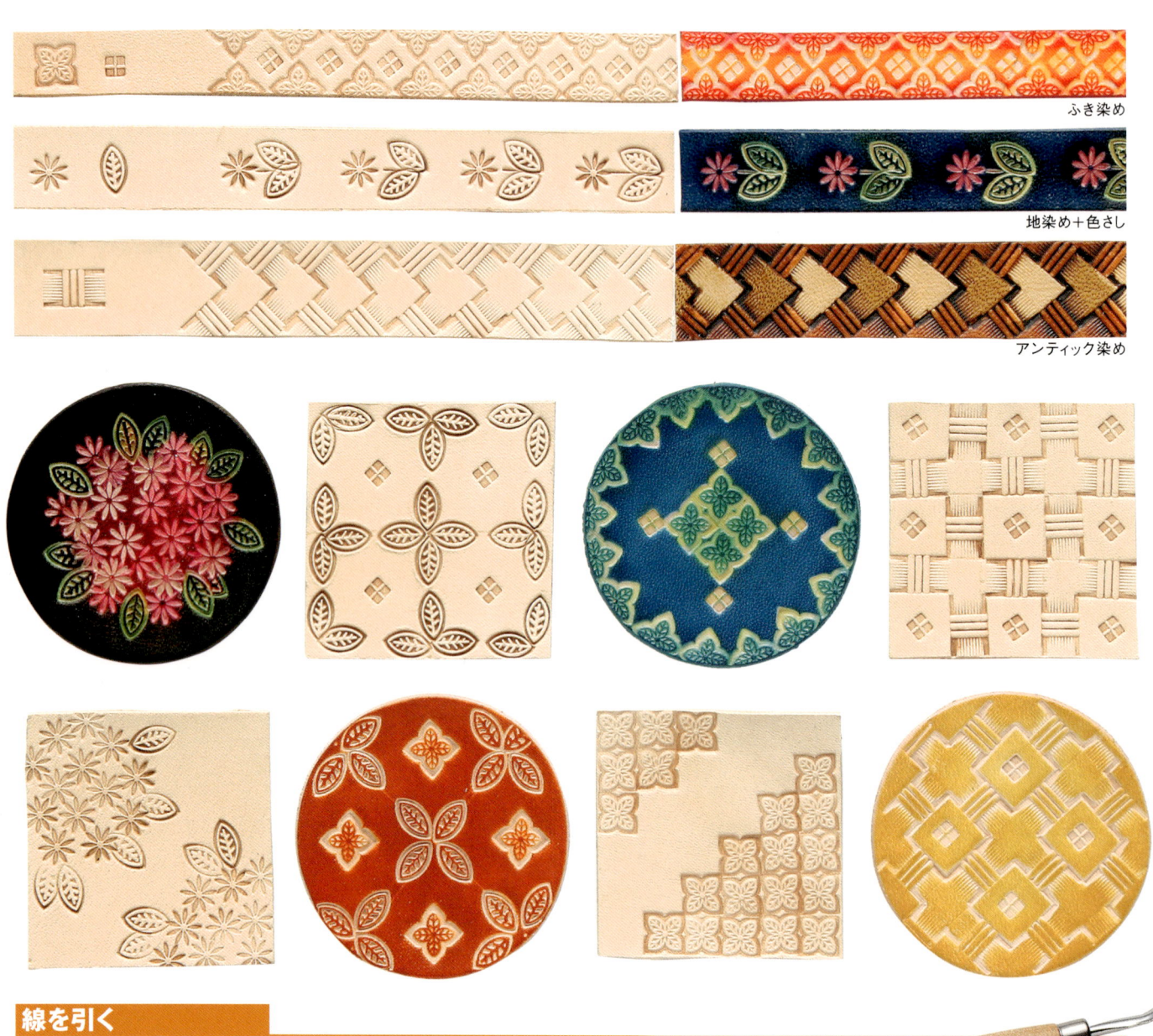

G564　022　027　035　X511

ふき染め

地染め+色さし

アンティック染め

線を引く

● トレスモデラ
　スプーン部分やヘラ部分の形が異なるものが市販されている。使い分けていろいろな線を表現しよう。片方が鉄筆になっているトレスモデラは万能でおすすめ。

● スーベルナイフ
　回転式切り込みナイフで、シャープな切り込み線を描くことができる。カービング法に使われる。→使い方p49

革の着色法

1 皮革用液体染料　2 ペースト染料　3 梅皿　4 木綿の布きれとたんぽ　5 アクリル絵具　6 小皿

筆のいろいろ

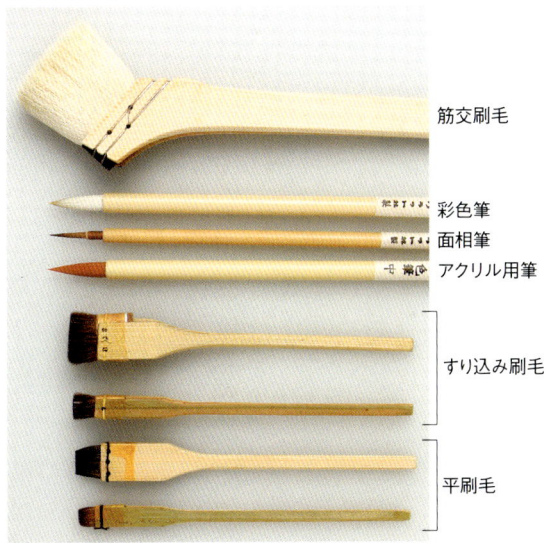

筋交刷毛／彩色筆／面相筆／アクリル用筆／すり込み刷毛／平刷毛

色つけの要点　スタンピングの色つけには、染液を布や筆、刷毛などで革に直接のせて行なう。用具と着色剤は、必要なものから少しずつ揃えていこう。小皿はプラスチックの容器などで代用できる。

ふき染め
布きれをまるめてたんぽをつくり、染料を含ませて革の表面を軽くこすって染料をのせていく。革の凸部分が染められる。

色さし染め
打刻したところへ筆で色をさし染めする。地より濃い色は、はみ出したり滲んだりするので気をつける。

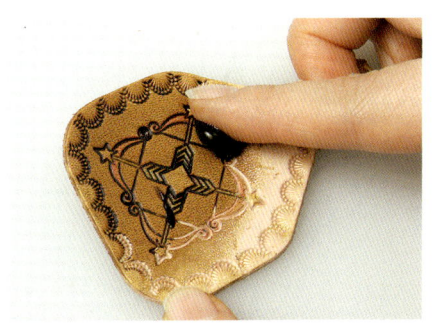

アンティック染め
ペースト染料を指先またはすり込み刷毛ですり込み、凹部分へ染料を入れる。アンティックな陰影感がえられる。乾いたら布でから拭きしておくと艶が出る。

三原色でつくる色

皮革用染料は三原色を混ぜ合わせることで、さまざまな色をつくることができる。市販されているものの中で色料の三原色にいちばん近い色を選んでおこう。混ぜる色の分量によっては色合いが変わってくるので、いろいろ試してみよう。また染料は透明なので、塗り重ねて色をつくることもできる。暗い色をつくるには黒（三原色を混ぜ合わせたもの）を加えるとよい。染料には白色がないので、白色が欲しいときは顔料（アクリル絵具）を使うか、白革を使って染め残すようにする。また染料を薄めて使えば、白を混ぜたときの明るい色や薄い色が得られる。

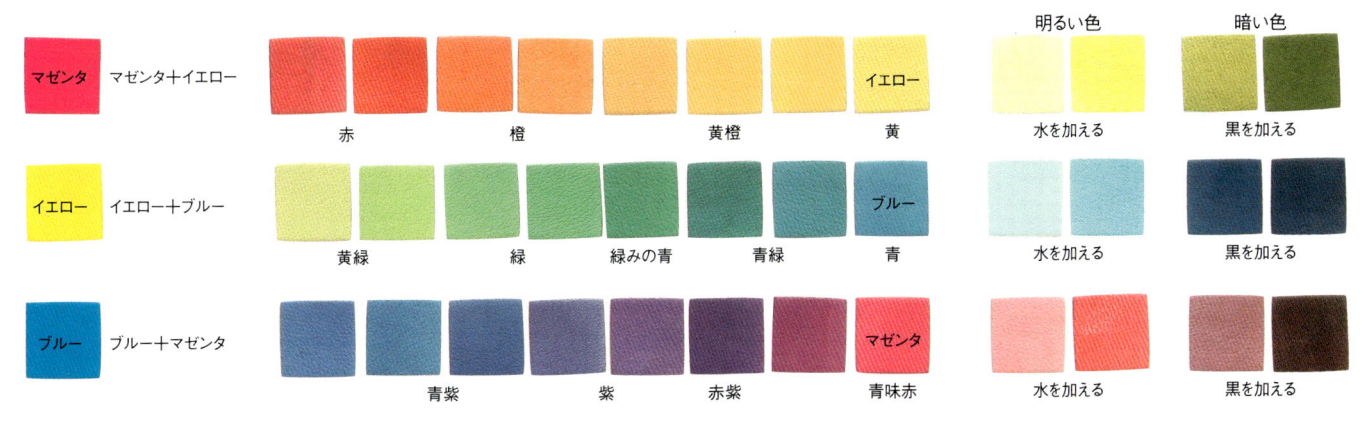

							明るい色	暗い色
マゼンタ	マゼンタ＋イエロー	赤	橙	黄橙	黄	イエロー	水を加える	黒を加える
イエロー	イエロー＋ブルー	黄緑	緑	緑みの青	青緑	青（ブルー）	水を加える	黒を加える
ブルー	ブルー＋マゼンタ	青紫	紫	赤紫	青味赤	マゼンタ	水を加える	黒を加える

★顔料（アクリル絵具）は不透明なので濃い色の上に薄い色をのせることもできる。厚塗りになりやすいので気をつけよう。染料に補助的に使うと変化が楽しめる。
★三原色のほかには、革細工でよく使われる黒と茶はつくりにくいので単色で揃えておくとよい。また濃いめの青もあると濃い色がつくりやすい。

スタンピングと色つけのバリエーション

しおり、キーホルダー、ブローチ、ペンダントに
革ひもをつけたり、キー金具、ブローチピンをとりつける。

A104
022

茶

焦茶

地染めした上に
彩色筆や面相筆で色さしする

色さしはマゼンタ、イエロー、
ブルーの三原色を使った

A800　A104
V407　S705

地染め
（ふき染め）
空

グラデーションに　青

地染めした上に、色
さしをする。地が薄い
ところははみ出さない
ように気をつける（面
相筆などを使用）。

G564　041小
027　X511

地染め

色さし

ブローチピンのつけ方

切り込みを入れブローチピンを通す。ブローチピンを取りつけた裏用豚革と表革を外表に合わせて貼りつける。湿っているうちに指先でひねって形をつけておこう。

A800	A104	C431	E320	E375	G564	022	027	035	039	041 小	050	S705	V407	X511

キーリング

スタンピング → 色つけ → 金具つけ

A800
E320
G564
027

C431
B962
Z609

A800
D435
035
Y653

G564
L949
O14
V409

アンティック染め

アンティック染め

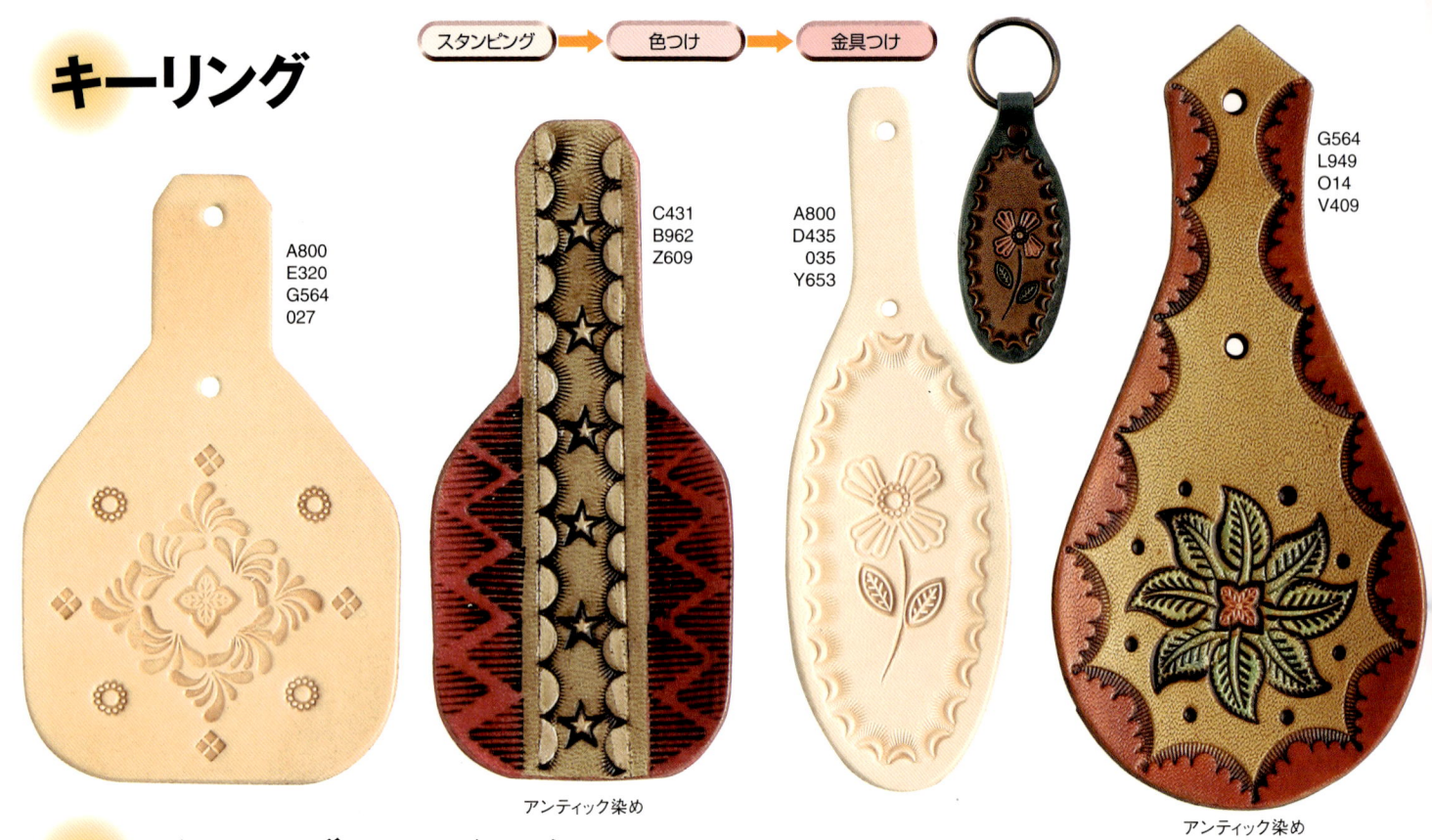

トライアングルコインケース
―― 大・小

キー金具つき

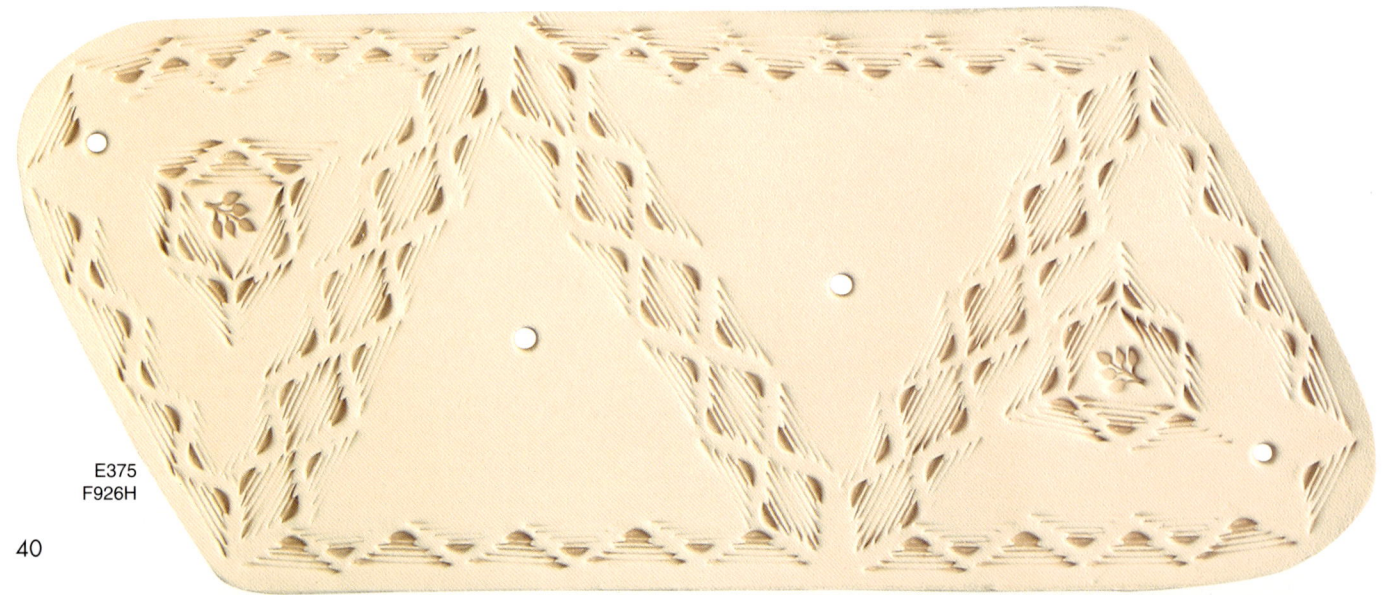

G564

ふき染め

E375
F926H

三ツ折り キーケース

地染め+色さし
S705
D637
E375

アンティック染め

F926H G842 027 V407 041小

ミニバッグ

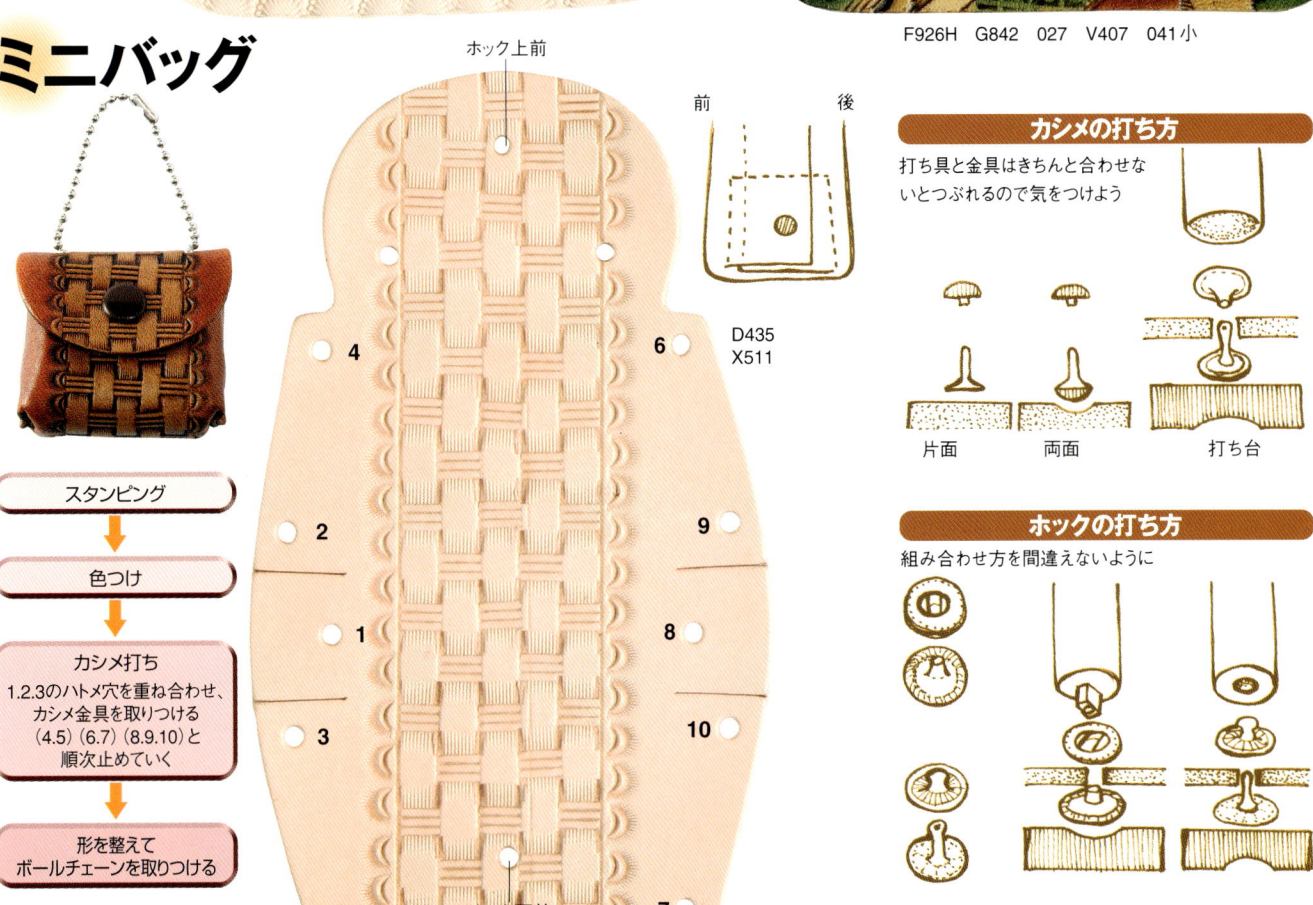

ホック上前

前　後

D435
X511

スタンピング
↓
色つけ
↓
カシメ打ち
1.2.3のハトメ穴を重ね合わせ、カシメ金具を取りつける
(4.5)(6.7)(8.9.10)と順次止めていく
↓
形を整えてボールチェーンを取りつける

ホック下前

カシメの打ち方
打ち具と金具はきちんと合わせないとつぶれるので気をつけよう

片面　両面　打ち台

ホックの打ち方
組み合わせ方を間違えないように

マスコット財布 ── 角型・丸型

用意するもの
牛革本体1.2ミリ厚
紙ひも2本（裏用豚革貼ってもよい）
口金（鈴、キー金具つき）

つくり方の要点　本体をスタンピングして好みの色に彩色し、仕上剤を塗布しておく。下図に従って口金をつける。

〈口金の入れ方〉

1. 口金の溝に白ボンドを均一に塗布する。
2. 本体を二ツ折りにして、口金の中へ片側ずつ差し込む。
3. 紙ひもを口金の内側に押し込む（口金入れなどを使う）。
4. 口金の根元の部分を、口金押えなどでしっかりと押える。

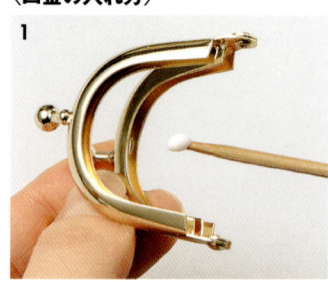

地染め＋色さし

グラデーションふき染め

アクリルカラーアンティック染め

地染め＋色さし

グラデーションふき染め

小銭入れ・印鑑入れ

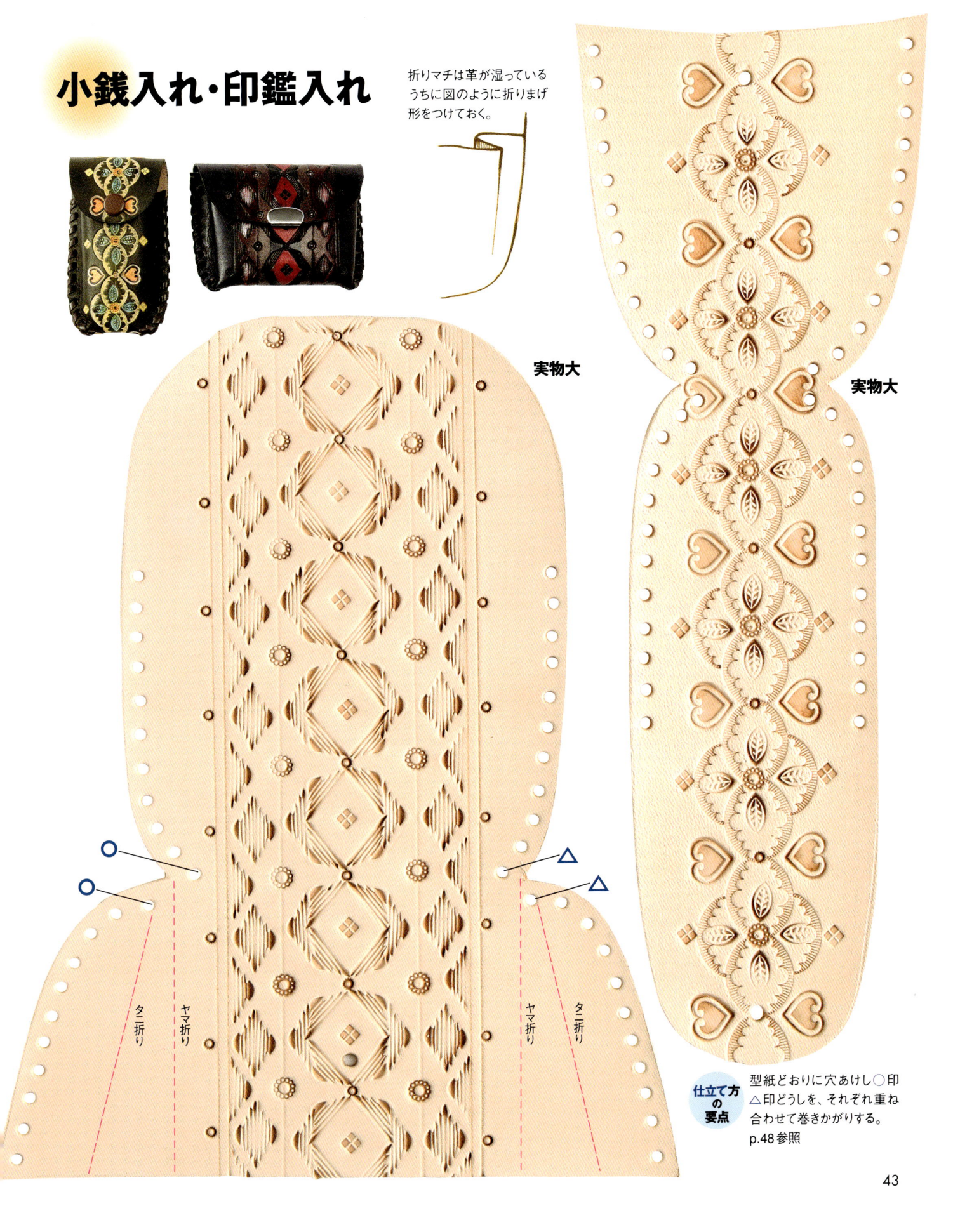

折りマチは革が湿っているうちに図のように折りまげ形をつけておく。

実物大

実物大

ヤマ折り　タニ折り　ヤマ折り　タニ折り

仕立て方の要点　型紙どおりに穴あけし○印△印どうしを、それぞれ重ね合わせて巻きかがりする。p.48参照

スタンピングモチーフ あ・ら・か・る・と

動物や葉、花、干支、星座など単品で楽しい刻印をつかってみました。
組み合わせたり、並べたりして、小さなスペースに新しい物語をつくりだそう。
ペンダントやタグ、キーホルダー、髪飾り、マスコット口金などに応用できます。

E689
Z609

E664
079
カシメ打ち小

E591
E397

S705
E585
E657
☆044
☆047

☆044
E388
E581

E694

E695
L791

E567
E669

☆044
☆045
E388
E582

A104
E375
E663

E673
L516

E388
E597
E672
K161
K162

刻印のナンバーはクラフト社のカタログによります。☆印は協進エルカタログに掲載のものを使用。

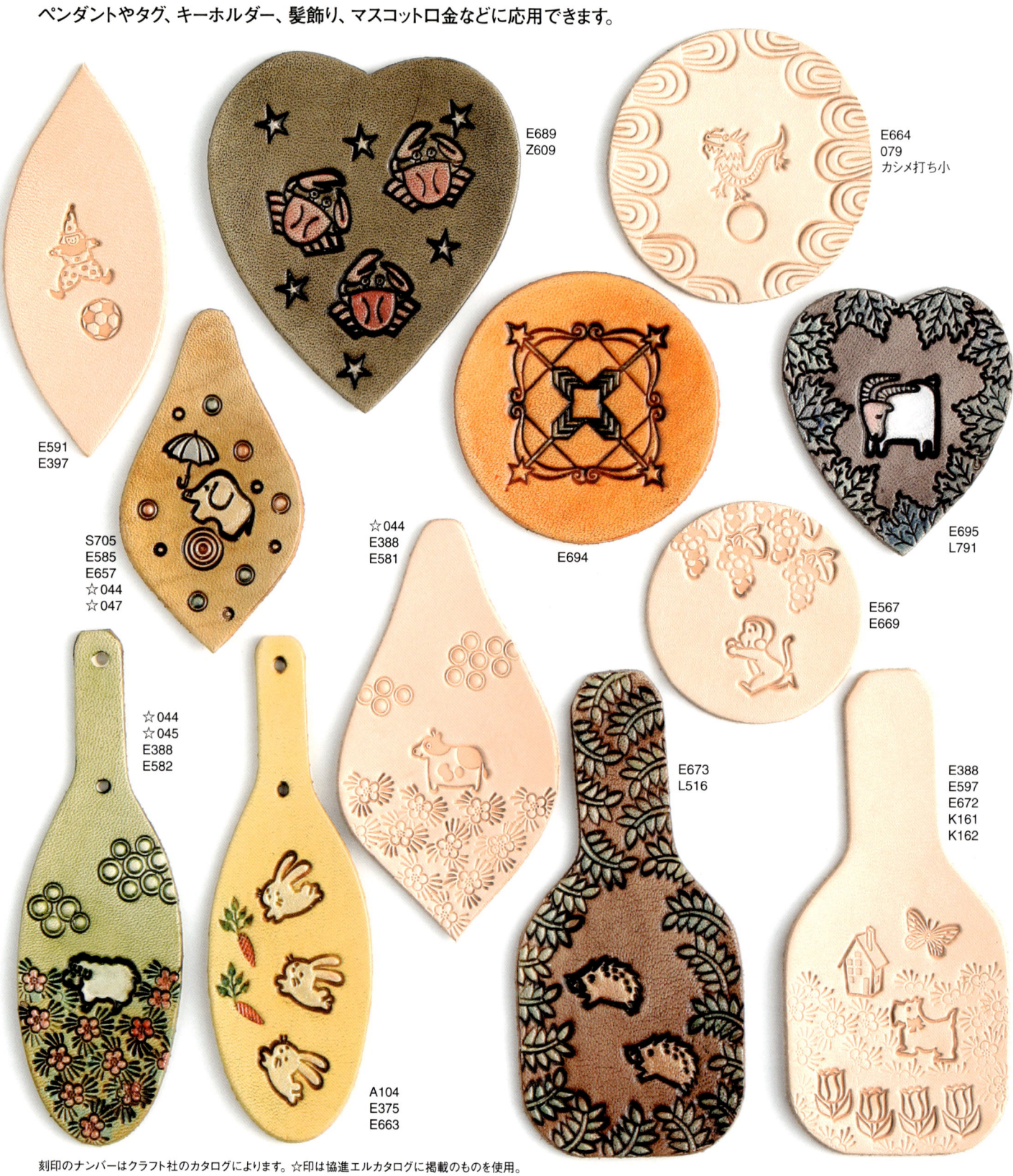

E686
G564

E690
F926H

E377
E670

E666
F926H

E375 E662

E665 041小

G564

E586 L791

E692
027

E665

E580

E697
041小

45

ふくろうBOX小銭入れ
――大

実物大
表革（成牛革）
裏用豚革も同寸で

カシメ打ち 小
B198細
050
V707
F120

ホック上前（頭なし）

タニ折リ

タニ折リ

ヤマ折リ

下前部分に裏用豚革を貼ってしっかりさせる

ホック下前

折りしろ

〈ボックスポケットのつくり方〉

はじめに表革にスタンピングを施し着色し、裏用豚革を貼っておく。

下前、マチ用皮革を図のようにヤマ折リ、タニ折リにしてボックス型にする（湿っているうちに形をつける）。周りは平目打ちで穴あけし革ひもで巻きかがりする。

★参考作品の中、小はこの型紙を80％ 60％に縮小して使用しています。

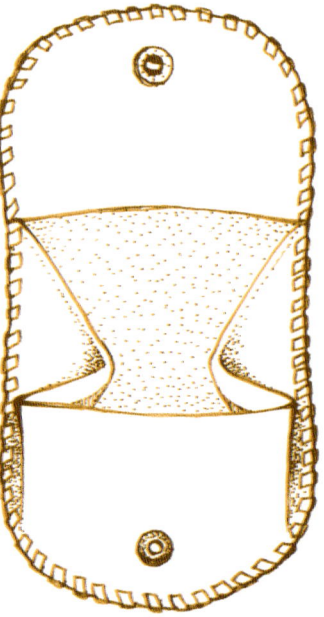

ヤマ折リ

タニ折リ

タニ折リ

0.8ミリ厚
山羊革

横型メガネケース

フタ　成牛革1.4ミリ厚
使用刻印 ● A800　A104　F926H　L949　012　035　S705

実物大

本体とマチにハトメ抜きで穴あけし、▲印を合わせて巻きかがりをする。穴を合わせるように革ひもを通していくとズレなくてよい。

両面カシメで止める

60％に縮小（本体・メガネ底芯・マチ）
（167％に拡大すると実寸になります）

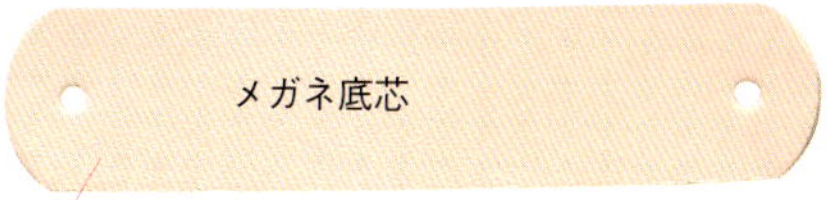

メガネ底芯

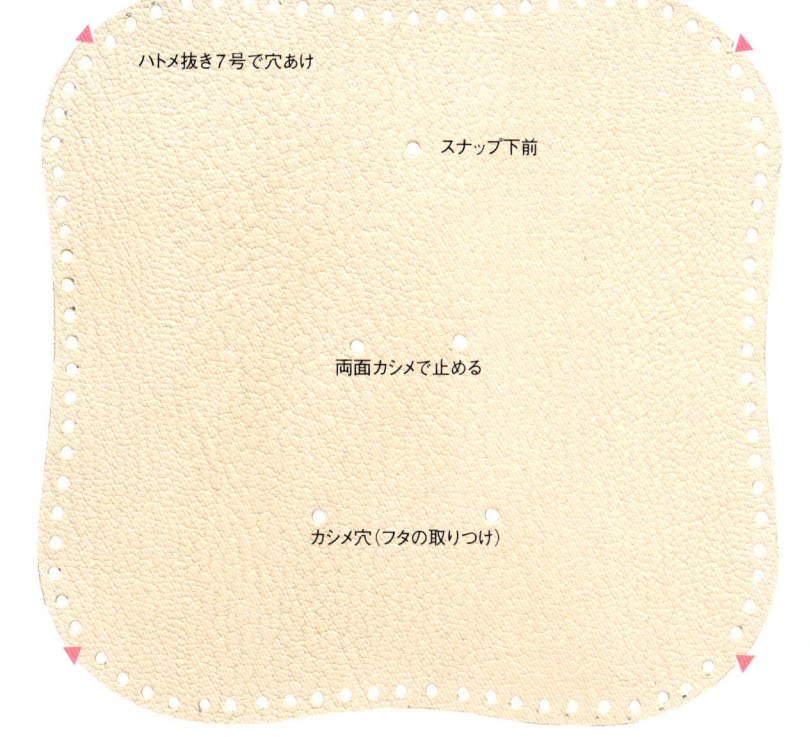

ハトメ抜き7号で穴あけ

スナップ下前

両面カシメで止める

カシメ穴（フタの取りつけ）

〈アンティック染めの手順〉

下塗り **1** 皮革用液体染料で両脇を染める。

2 花、葉の部分をアクリル絵具で着色し乾かしておく。

上塗り **3** ペースト染料を塗布する。

ハトメ抜き7号で穴あけ

マチ2枚
色牛革使用

上部1cmを折り返して糊づけしておく。

かがり仕立て

綴じ合わせたい2枚の革に穴をあけておき革ひもでかがって仕立てる。

かがり仕立て用穴あけ道具（丸穴・平目穴）

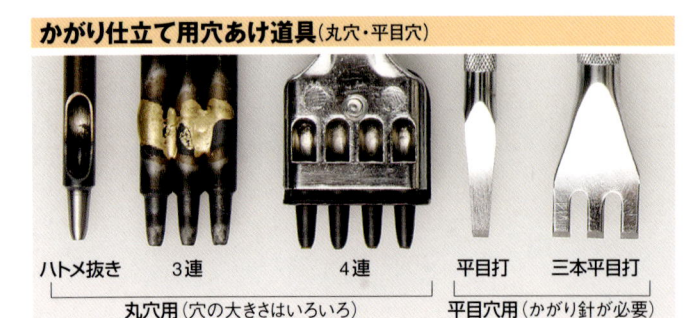

ハトメ抜き　3連　4連　平目打　三本平目打
丸穴用（穴の大きさはいろいろ）　平目穴用（かがり針が必要）

穴の大きさがいろいろある。3mm巾の革ひもを使用する場合、ハトメ抜きは7号（2.1mmφ）平目打は3mm巾が一般的。3連、4連のものは、前の穴の最後とはじめの穴を重ねると等間隔の穴あけができるので便利。

丸穴パンチ　　レースパンチ　平目穴　1本、3本、4本

パンチ式の穴あけ
革をはさんで穴があけられる、木槌やゴム板がいらない、音がしない、立体的な形のものでも穴あけできるなど応用範囲が広い。

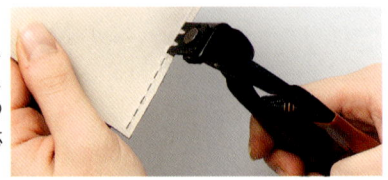

かがりひもの準備

- **丸穴の場合**　牛や豚のようにしっかりした硬い革ひもは先端を斜めに切っておけばそのまま使える。幅広の柔らかいもの（羊や薄い牛革）は先端をこより状にして糊で固めておく。
- **平目穴の場合**　専用のレース針を使って仕立てる。かがり仕立用の針にはいろいろのタイプのものがある。

レース針（革ひもかがり用）のいろいろ

- 革ひもを穴に通してはさむ 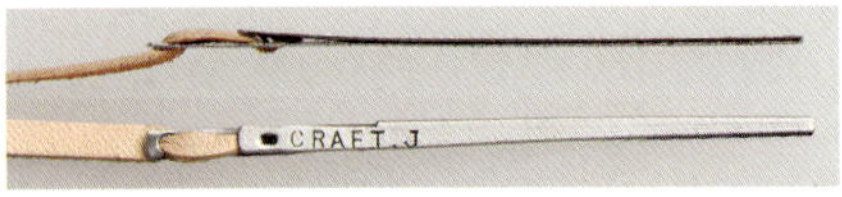
- 革ひもをはさむ 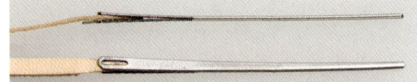
- 丸穴にねじ込んで使う

ランニングステッチ

布を縫うのと同じ要領で革ひもを通していく。2枚の革を綴じ合わせるだけでなく、飾りのステッチとしても用いられる。穴の数は偶数になるようにあけておく。

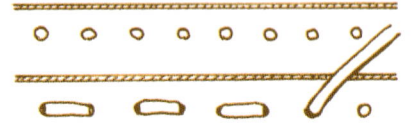

丸穴（ハトメ抜き7号）で穴あけし、革ひもを通していく。

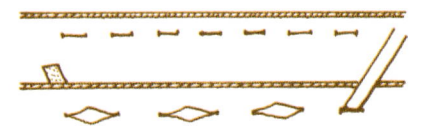

平目打で穴あけし、革ひもを通していくと図のように菱形のステッチになる。

巻きかがり

左から右へ、表から裏へ革ひもを通して巻きつけていく。丸穴と平目穴、使用する革ひもの種類で表情が変わってくる。幅広の革ひもを使うと裁ち目が見えなくなるので、縁の始末が不要になる。

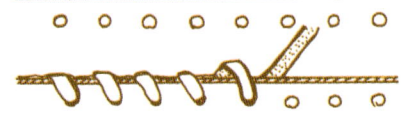

丸穴（ハトメ抜き7号）で穴あけし、革ひもを巻きつけていく。

平目穴の場合は革ひもをねじらせないようにしよう。

- **かがりはじめ**
先端をしっかりと糊づけして上から押さえるように革ひもを巻きつけていく。

- **コーナーのかがり**
コーナーでは同じ穴に2度通して革ひもの方向を変え、等間隔に一定の方向に並ぶようにする。

クロスステッチ

2枚の革を突き合わせに綴じ合わせたいときに用いられる。

革ひもを交差させてかがる。 　裏から見たところ。

シングルコードバンステッチ

綴じ合わせるときに革ひもを編んで、しっかりと仕立てる方法。p.58参照

カービング技法にチャレンジ

スーベルナイフで線刻した上に刻印を打ち、浮き彫りするアメリカンスタイルの彫刻法。
典型的な唐草模様が特徴で、基本的な約束事を習得すればあとは応用と展開が可能です。
刻印の形に制約されない自由な表現ができます。

スーベルナイフ（回転式切り込みナイフ）

スーベルナイフの持ち方
少し前に倒して手前に引く。
革の厚みの1/3くらい切り込む。

1 文様の切り込み 
輪郭線に沿って文様に切り込みを入れる

基本刻印の打ち方
カービング用の基本としては、右の7本の使い方をマスターしよう。

A104　B702細　C431　P213　S705　U710　V407

打ち方の要点

2 カモフラージャー
向こうへ倒して打つ
まっすぐ打つ
少し傾けて打つ

3 ペアシェーダー
Pの刻印で葉や花びらに影をつける

P、Bの刻印は大きさや表面の模様（つるつる、横スジ、縦スジ、編み目）の異なるものがあるが、目的や使い方は同じ。

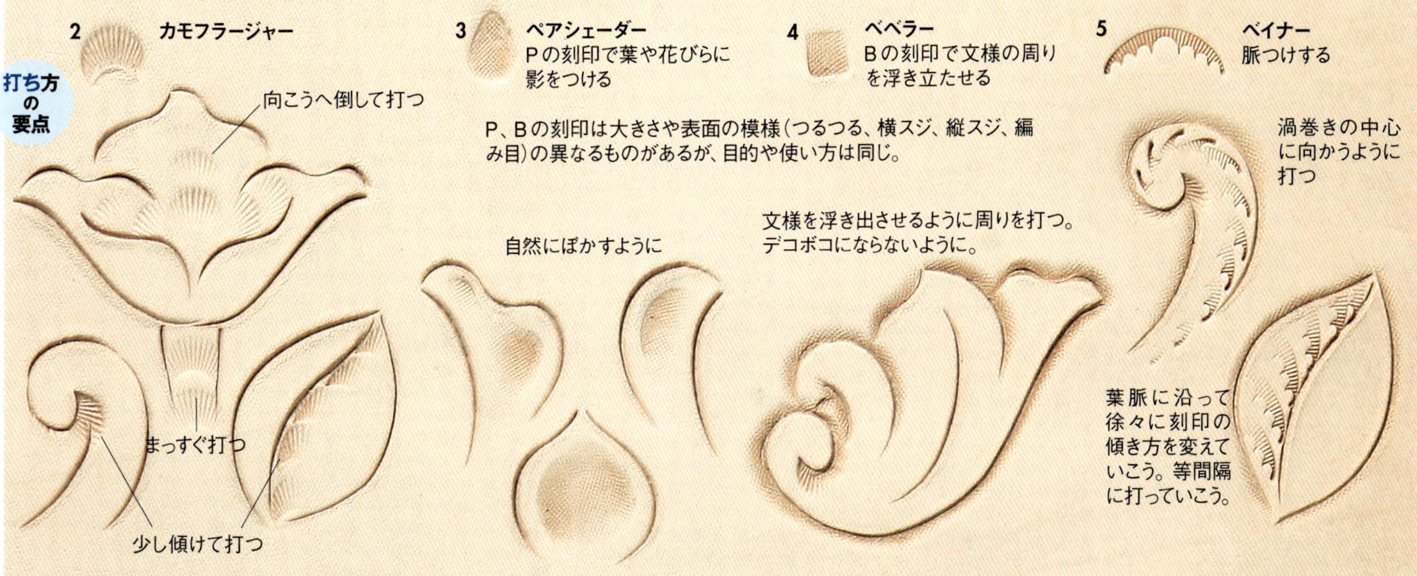

自然にぼかすように

4 ベベラー
Bの刻印で文様の周りを浮き立たせる

文様を浮き出させるように周りを打つ。デコボコにならないように。

5 ベイナー
脈つけする

渦巻きの中心に向かうように打つ

葉脈に沿って徐々に刻印の傾き方を変えていこう。等間隔に打っていこう。

6 シーダー
花芯を打つ
1 外側を並べて打つ
2 順次中をうめていく

正面はまっすぐに打つ
横向きは斜めに打つ

7 ミュールフット
文様の流れに沿って自然に小さく消していく。

8 バックグランダー
背景をつぶす
囲まれた部分はしっかりと打つ。ほかは自然にぼかすように。

9 デコラティブカット
飾りの切り込みを入れる
最後に文様にアクセントをつけるため切り込みを入れる。

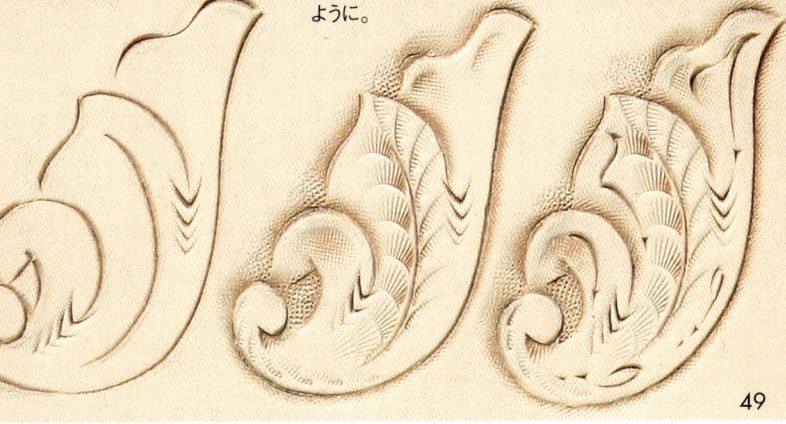

カービングの小銭入れ

成形したもの 　　マチつき

〈つくり方の手順〉
1. 文様を革に写し、スーベルナイフで切り込みを入れる。
2. p.49の順番に従って刻印を打つ。
3. 下図を参考に色つけをし、仕上剤を塗布しておく。
4. 型紙どおりに穴をあけ（ハトメ抜7号）する。
5. 下前、上前のホックを打つ。
6. 革ひもで巻きかがりし、湿っているうちに厚い紙か布切れをまるめたものを入れふくらみをつけておく。

着色例

● 皮革用液体染料ふき染め

茶・赤・緑

布に染料をつけて文様の周りをぼかし染めにする。

● アンティック染め

地の部分を染料で染め、花の部分を水性仕上剤で防染しておく。乾いたらペースト染料を塗布。

実物大

マチつきの仕立て方　下図のように穴あけし、上前、下前を別々に巻きかがりする。マチはクロムなめしの色牛革や羊革など柔い革を使うと仕立てやすい。
マチ（色牛革、羊革など）

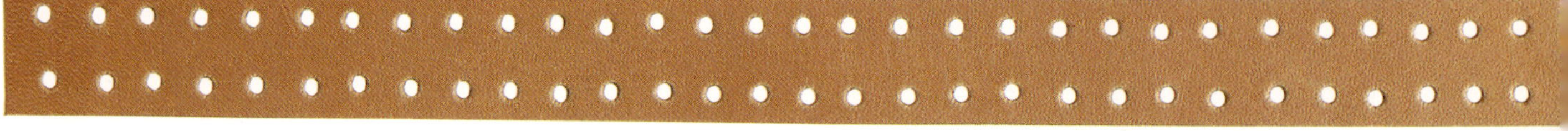

カービングの手帳ケースとキーホルダーつき小銭入れ

実物大

〈アンティック染め 染め見本（地染＋ペースト染料）〉
周りを染料の茶で色さし染め。白い部分を防染（水性仕上剤）。仕上にペースト染料の茶。
窓の切り抜き部分で小銭入れをつくってみました。キーホルダー金具をつけておくと便利です。

カービングのメガネケース

〈打ち方の手順〉
1 トレーシングパターンを参考にスーベルナイフで文様の線を切り込む。
2 p.49を参考に刻印を打つ（C431　P213　V407　B702細　A104）。
3 A800を飾り打ちする。
4 ガイドラインを1本引き、それに沿ってX511を交互に並べて打っていく。
5 デコラティブカットを入れる。

実物大

印を合わせておく

途中打ち見本（穴あき）

かがりはじめ

仕立て方の要点 彫り、彩色が終わったら、メガネ裏または裏用豚革を全面に貼って穴あけする（ハトメ抜7号）。
★印を合わせておき、二つ折りにして巻きかがりでとじ合わせる。上辺部分は1枚だけで巻いておく。かがりはじめと終わりは、革ひもを2回通して糊づけしておく。

トレーシングパターン
スーベルカッターで文様の線に沿って切り込みを入れる

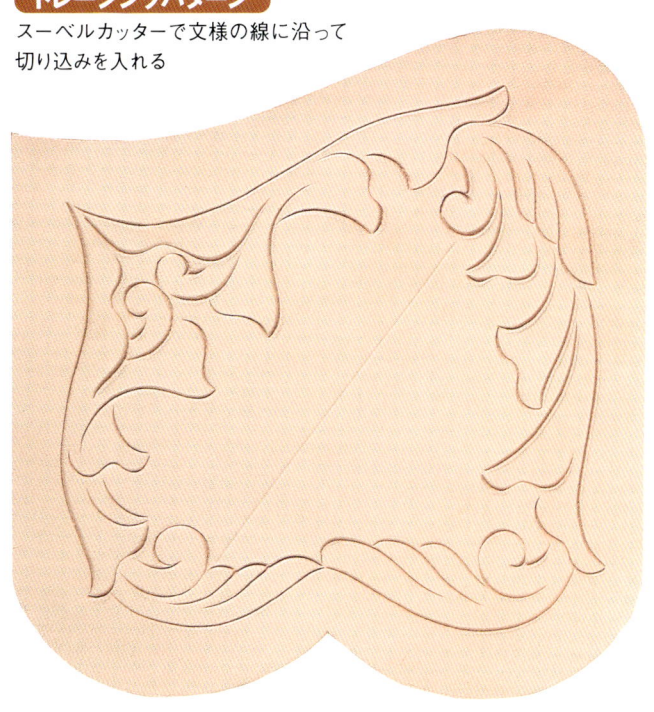

フィニッシュパターン
最後のデコラティブカットまで入れ彫りを完成させたところ

着色法（アンティック染め）

下染め
（皮革用液体染料、水性仕上剤使用）

ペースト染料塗布

〈染め方の手順〉

1. 文様の外側へ濃い目の茶を彩色筆などでしっかりと塗る。
2. 中心のバスケット部分へ緑を色さしをする。
3. 渦巻きの部分へ水性仕上剤を塗布しておく（防染効果でこの部分はペースト染料がかからない）。
4. 十分乾燥させた後、茶系のペースト染料を指またはすり込み刷毛で塗布する。
5. やわらかい布などで表面をしっかりと磨き、余分なペースト塗料を除く。
6. 仕上剤を塗布しておく。

カービングの札入れ

実物大
制作に入る前に、中パーツの大きさを確認してサイズを決定する。

作例は中心部分を切り抜き、メッシュ革を貼り合わせている。下図のようにスタンピングをしても楽しい。

打ち完成図　着色見本

打ち方は基本的にp.49の手順に従って行なう。表革の彫り彩色が終わったら、札入れ用中パーツに貼り合わせて周囲を革ひもで巻きかがりする。中パーツはいろいろな大きさ、タイプのものが市販されているので利用しよう。

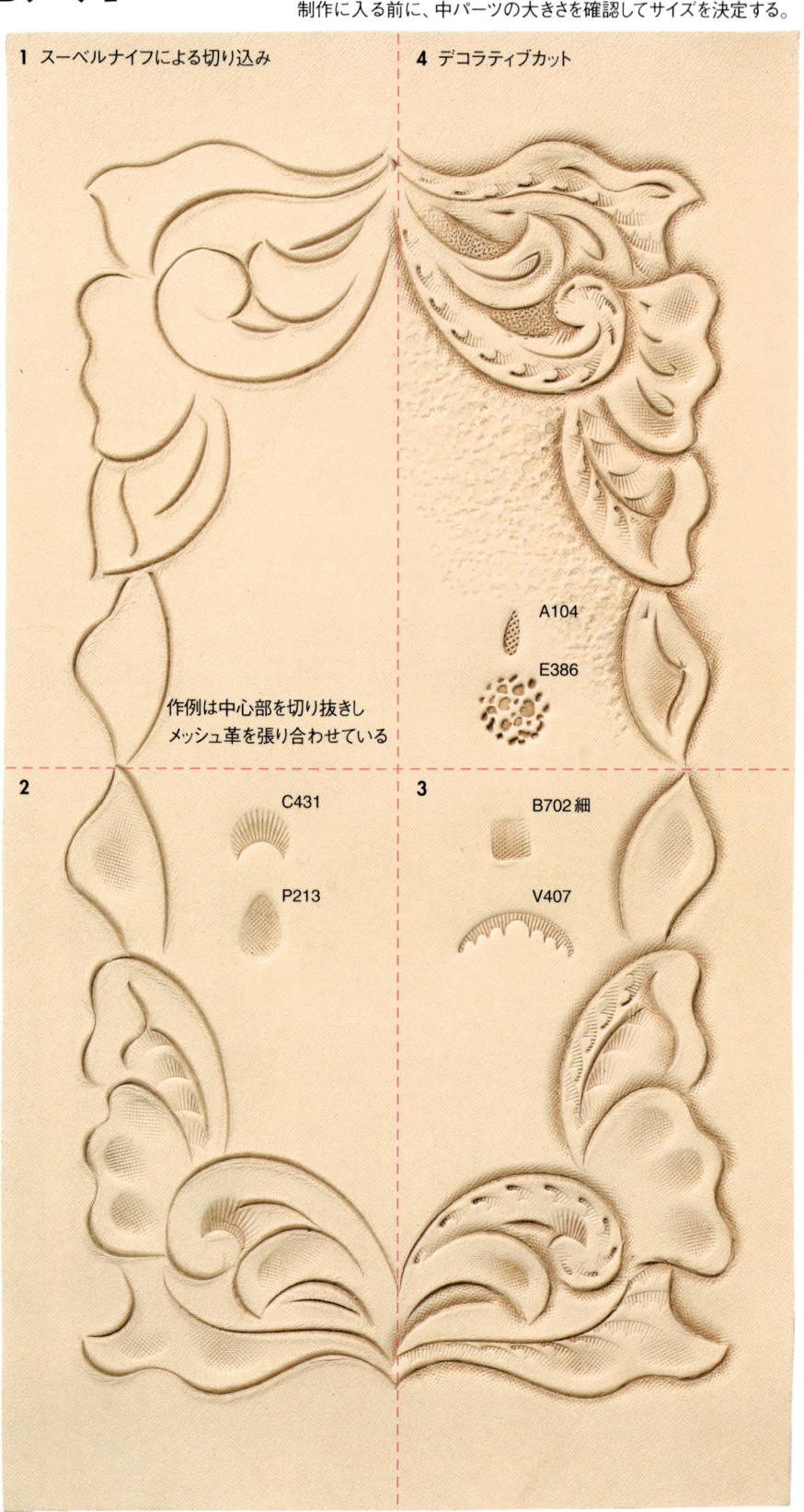

1 スーベルナイフによる切り込み　　**4** デコラティブカット

作例は中心部を切り抜きし
メッシュ革を張り合わせている

A104
E386

2　　C431　　**3**　　B702 細

P213　　V407

54

アンティック染め —— 下染めと防染・ペースト染料塗布の関係

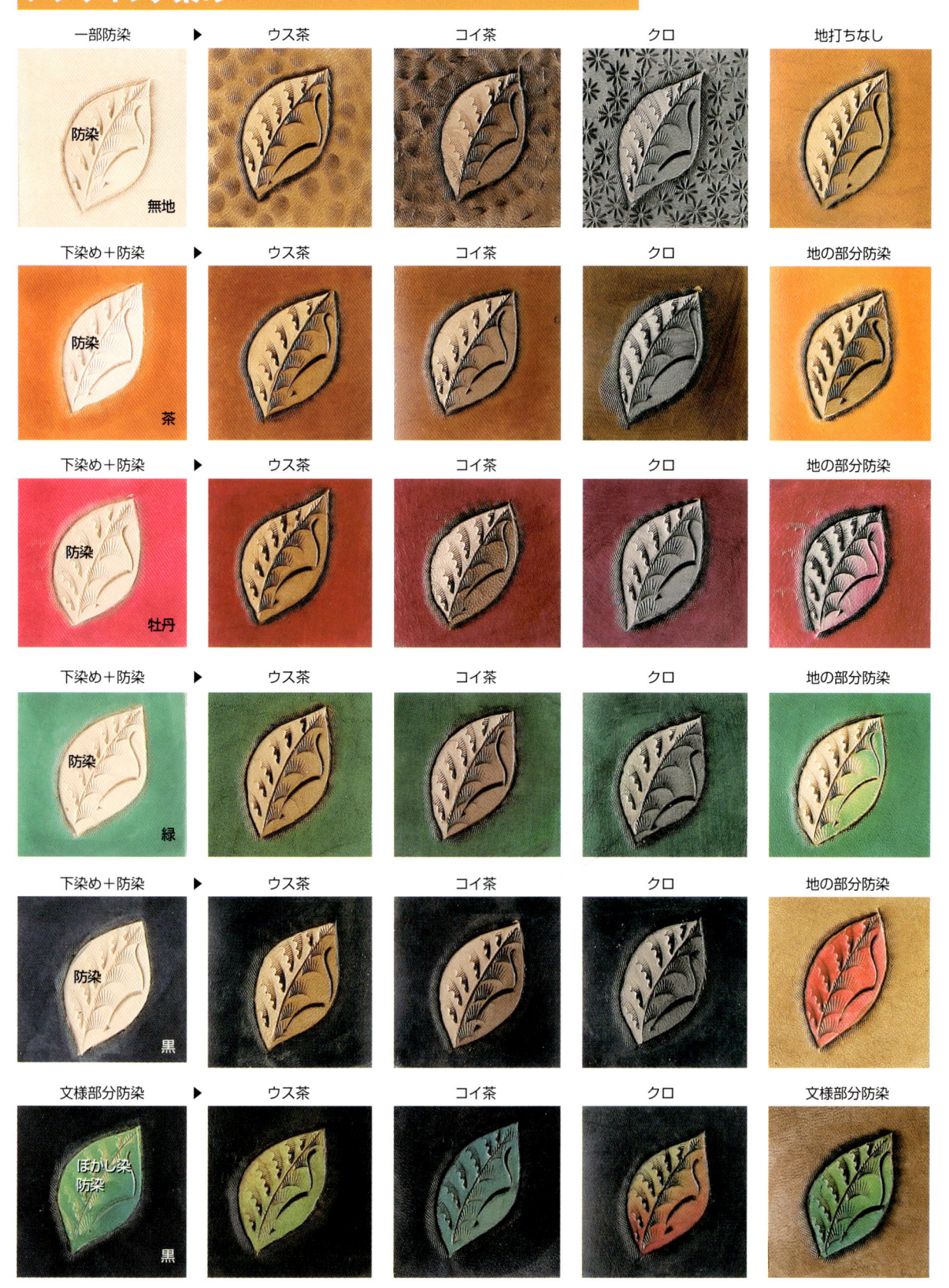

一部防染 ▶	ウス茶	コイ茶	クロ	地打ちなし
無地				

下染め＋防染 ▶	ウス茶	コイ茶	クロ	地の部分防染
茶				

下染め＋防染 ▶	ウス茶	コイ茶	クロ	地の部分防染
牡丹				

下染め＋防染 ▶	ウス茶	コイ茶	クロ	地の部分防染
緑				

下染め＋防染 ▶	ウス茶	コイ茶	クロ	地の部分防染
黒				

文様部分防染 ▶	ウス茶	コイ茶	クロ	文様部分防染
黒				

同じペースト染料を使っても、下染めのあるなし、防染の有無によって発色は異なってくる。いろいろな場合をシミュレーションしてみてその効果を計算してみよう。

カービングのプチバッグ

ナスカンつきポシェットの手ひもを用意しておくと、肩からもかけられるので便利。

実物大

本体
袋物用色牛革前後 2枚
袋物用色牛革マチ 1枚
袋物用色牛革手ひも 1枚
袋物用色牛革金具とめ革 4枚
フタ用タンニンなめし牛革 1枚
カシメ両面 小5組 中4組
ナスカン 2個
ポシェット手ひも
1cm×100cm 1本
かがり用牛レース 約2m
角リング、Dカン 各2個

本体とマチを、ランニングステッチでとじつけて組み立てる。

カシメ　カシメ　カシメ

A104　D435
A800　P215
B198細　S705
　　　　V407

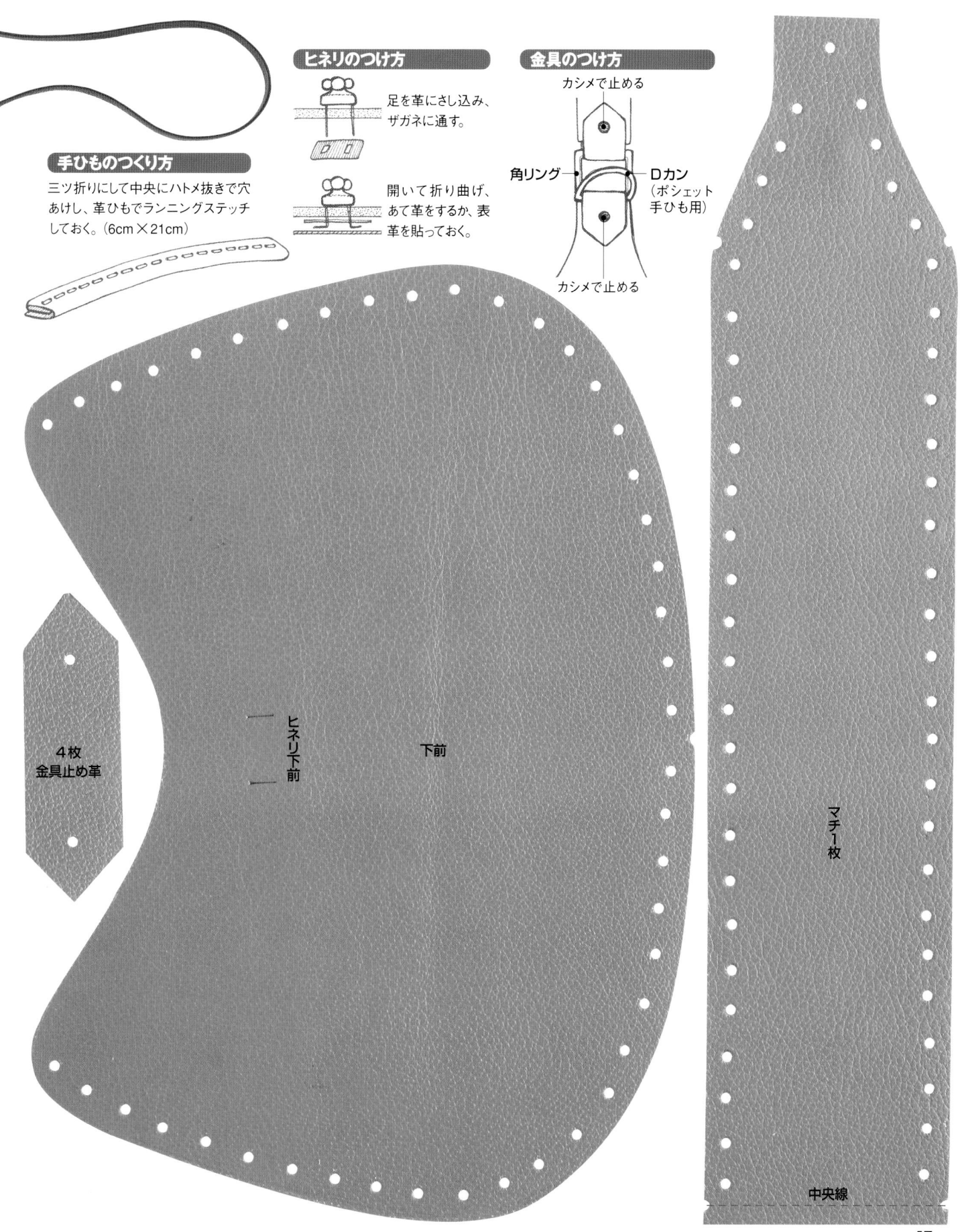

手ひものつくり方
三ツ折りにして中央にハトメ抜きで穴あけし、革ひもでランニングステッチしておく。(6cm×21cm)

ヒネリのつけ方
足を革にさし込み、ザガネに通す。

開いて折り曲げ、あて革をするか、表革を貼っておく。

金具のつけ方
カシメで止める
角リング
Dカン（ポシェット手ひも用）
カシメで止める

4枚
金具止め革

ヒネリ下前

下前

マチ一枚

中央線

カービングのバッグ

本体	植物タンニンなめし成牛革1.6ミリ厚本体 2枚
裏用豚革	本体と同寸 2枚
マチ	クロムなめし色牛革 1枚　6cm×60cm　上部各2.5cm折りまげ
金具	ヒネリ 1組
革ひも	3mm巾　約13m（シングルコードバンステッチ）
持ち手部分の芯（牛床） 2枚	

〈つくり方の手順〉
1. 本体2枚に文様を写し、スーベルナイフで切り込みを入れる（次頁参照）。
2. p.49の手順に従って、C431　P213　B702細　V407　S705　U710　A104を打刻する。
3. 中心部分にA800　050　G564　S705を組み合わせた文様を打つ。
4. 皮革用液体染料を文様の周りにしっかりと塗る。
5. 花の部分を水性仕上剤で防染する。
6. 乾いたらペースト染料を上塗りしておく。
7. 完全に乾いたら仕上剤を塗布しておく。
8. ヒネリ下前を取りつける。
9. 手ひも部分に芯を貼りつける。
10. 裏用豚革を本体の裏全体に貼りつける。
11. くりぬき部分の内側を平目打ちで穴あけし、革ひもでかがる。
12. マチを取りつけ、組み立ててから平目パンチで穴あけし革ひもでかがる。
13. ヒネリ上前を取りつける。

〈シングルコードバンステッチ〉

1. 手前からむこうへ通す。 
2. はじめの部分にぐるっと回して引っかける。  
3. 次の穴へ通す。 
4. 手前の革ひもをすくう。 
5. しっかり締め次へ進む。 
6. くり返す。 
7. はじめのところまで編む。
8. はじめのループの中に上から通す。

フタ

芯

A104　A800　B702細　C431
G564　050　P213　U710
V407　S705

本体（前）はこの線で
断ち切りにする

実物大
27cm×23.5cm

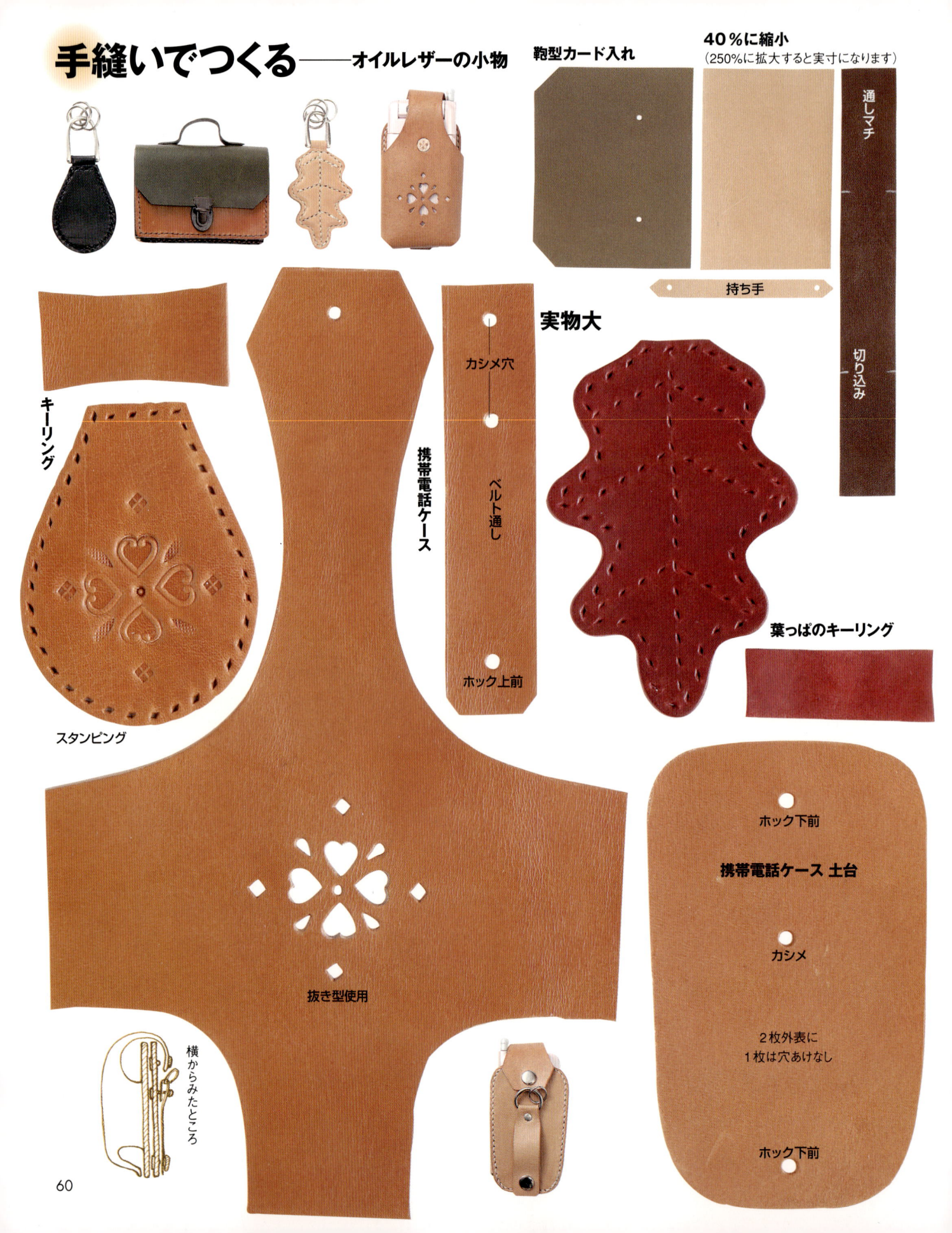

手縫いでつくる──オイルレザーの小物

鞄型カード入れ

40％に縮小
（250％に拡大すると実寸になります）

通しマチ

持ち手

切り込み

キーリング

実物大

カシメ穴

ベルト通し

携帯電話ケース

ホック上前

葉っぱのキーリング

スタンピング

抜き型使用

ホック下前

携帯電話ケース 土台

カシメ

2枚外表に
1枚は穴あけなし

ホック下前

横からみたところ

手縫いの基礎技法

2本の針に糸を通し、2枚の革を縫い合わせる

手縫い用穴（菱目） 大きさや間隔がいろいろのものがある。

これだけは揃えよう

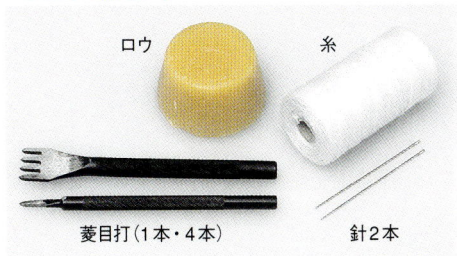

ロウ　糸
菱目打（1本・4本）　針2本

ロウの引き方
ロウ引き糸も市販されている。

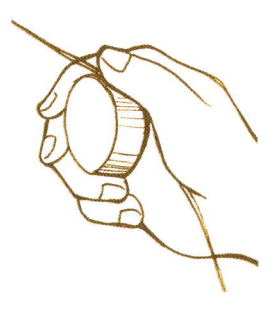

針へ糸を通す方法
1. 針穴に糸を通す。
2. 糸の途中のヨリを戻したところに針先を入れる。
3. 針を通す。
4. 糸をロウでしっかり固める。

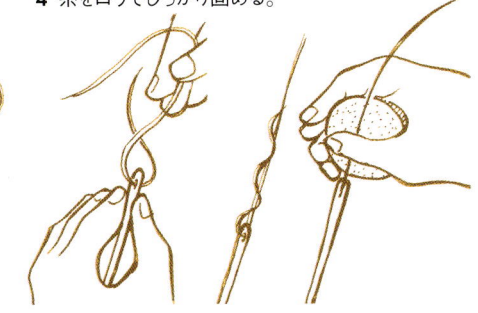

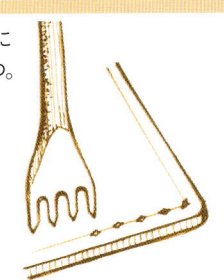

穴のあけ方
- 角は1本菱目打を使う。 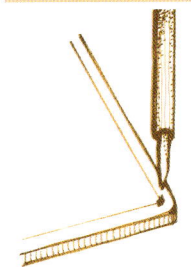 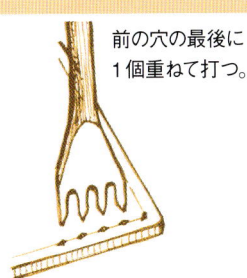
- 前の穴の最後に1個重ねて打つ。
- 4本目打を使うと等間隔の穴あけができる。
- 曲線部分は1本で。 
- ディバイダーを使うとヘリから等間隔に印をつけられる。 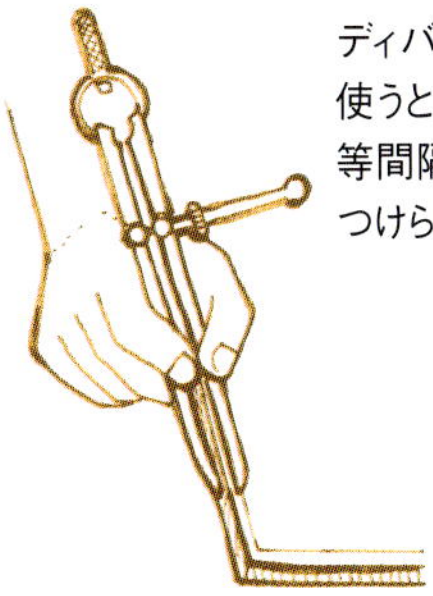

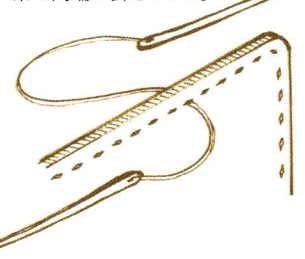

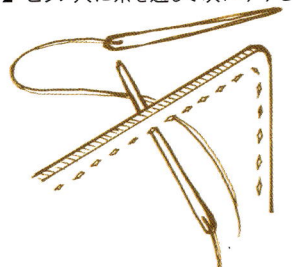

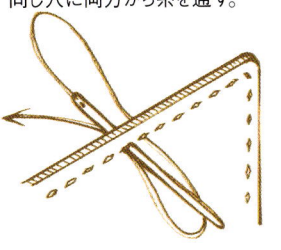

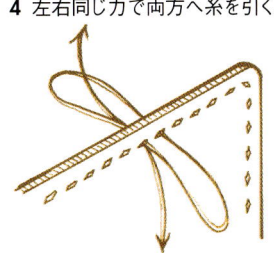

革の縫い方
1. 糸の両端に針をつける。
2. ヒシメ穴に糸を通して次にすすむ。
3. 同じ穴に両方から糸を通す。
4. 左右同じ力で両方へ糸を引く。
5. 両手で締める。この作業を繰り返す。

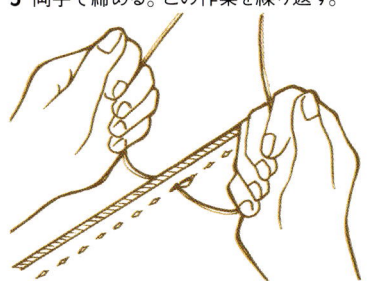

糸のつなぎ方
1. 糸の終りを結ぶ。
2. 結び目の一目前から次の糸を入れて縫いつなぐ。
3. 結び目の根元から切りおとす。

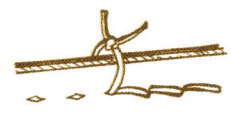

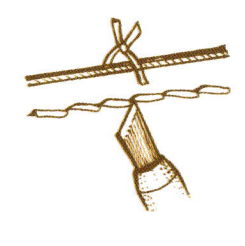

61

掲載作品キット一覧
材料・用具の購入案内

商品ナンバー／掲載頁
商品名
税込み価格（本体価格）※価格は2008年1月8日現在。変動がありますのでご了承ください。
作品でき上がり寸法（タテ×ヨコ×巾）

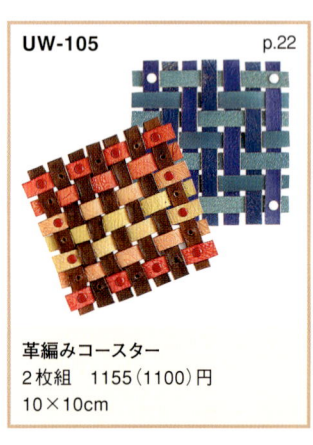

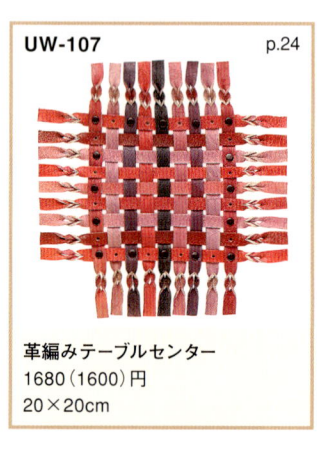

UW-101 p.12
写真ケース（正方形）
2個組　630（600）円
13×13cm（丸抜き・自由裁断）

UW-102 p.14
ミニトレー○△□
3個組　787（750）円
φ12cm　13×13cm　11×11cm

UW-103 p.15
鳥の状さし
1522（1450）円
24×20cm

UW-104 p.18
ふくろうの印鑑立・ペン立て
2個組　1890（1800）円
10.5×7×6cm　7×5×4cm

UW-105 p.22
革編みコースター
2枚組　1155（1100）円
10×10cm

UW-106 p.23
革編み物入れ
1155（1100）円
10×10×3cm

UW-107 p.24
革編みテーブルセンター
1680（1600）円
20×20cm

UW-108 p.34
ミニみにバッグ（動物）
630（600）円
4.5×5×2cm

UW-109 p.40
キーリング4種
4個組　1207（1150）円
6.4×4cm　6.5×5cm
6.5×3cm　7.5×5.3cm

UW-110 p.40
トライアングルコインケース
大小2個組　1155（1100）円
8×8cm　5×5cm

UW-111 p.41
三ツ折りキーケースA、B
2個組　1522（1450）円
8×4cm　8×4cm

UW-112 p.41
ミニバッグ
577（550）円
4.5×5cm

　この本に掲載した作品の一部をキットにしました。本書を参考にしながら作品づくりにチャレンジされる方におすすめです。お近くの革手芸材料店でお尋ねください。次頁では通信販売の取り扱い店をご紹介しました。各社とも革手芸材料・用具など豊富に取り揃えておりますので、お問い合わせください。通信販売のシステム・手数料など、店によって異なりますので、直接ご確認願います。

　キットには、裁断した無地の皮革、金具、革ひもなどや説明書や原寸大の型紙が入っています。内容は写真と異なる場合もありますので、ご了承ください（かがり紐やマチの色など）。制作には、革細工用の道具や着色剤などを必要とします。次頁の取り扱い店では用具・資材も扱っております。本書を参考に合わせてご利用ください。

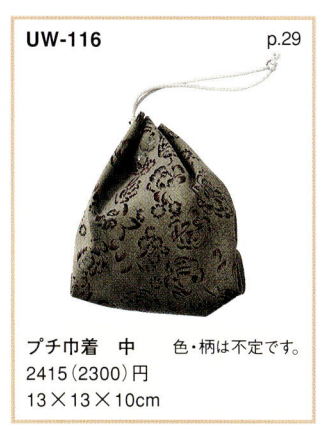

UW-113	p.43
折りマチ小銭入れ
1155(1100)円
7×9cm

UW-114	p.43
折りマチ印鑑入れ
787(750)円
8×5cm

UW-115	p.46
ふくろうBOX小銭入れ　大
1680(1600)円
9×9cm

UW-116	p.29
プチ巾着　中　　色・柄は不定です。
2415(2300)円
13×13×10cm

UW-117	p.50
カービング小銭入れ
892(850)円
7×8.5cm

UW-118	p.50
マチ付き小銭入れ
1155(1100)円
7×8.5×2cm

UW-119	p.47
横型メガネケース
1890(1800)円
8×16×2cm

UW-120	p.52
縦型メガネケース
1522(1450)円
17.5×9cm

UW-121	p.60
キットには携帯電話は含まれていません。
手縫い携帯電話ケース
1680(1600)円
6×11×3cm

UW-122	p.56
プチバッグ
10920(10400)円
14×19×5cm

UW-123	p.58
カービングのバッグ
13650(13000)円
28×24×8cm

UW-124	p.32
カシメ仕立てのバッグ
8925(8500)円
16×18×7cm　型押革使用

●革手芸材料通信販売取り扱い店のご紹介（お問い合わせは各社へ直接どうぞ）　アイウエオ順

アンダーウッド	〒461-0048	名古屋市東区矢田南1-6-27	TEL 052-712-0722　FAX 052-712-5538
協進エル	〒111-0054	東京都台東区鳥越2-10-8	TEL 03-3866-3221　FAX 03-3866-3226
クラフト社受注センター	〒124-0022	東京都葛飾区奥戸4-13-20	TEL 03-5698-5511　FAX 03-5698-5533
セイワ	〒161-0033	東京都新宿区下落合1-1-1	TEL 03-3364-2111　FAX 03-3364-2115

●掲載作品キットネット販売取り扱い店

シュゲール（藤久株式会社）　〒465-8555　名古屋市名東区猪子石2-1607　TEL（フリーダイヤル）0120-081000　FAX（フリーダイヤル）0120-766233
URL http://www.shugale.com　Eメール info@shugale.com

略歴
1941年名古屋市生まれ。
1968年より朝日カルチャーセンター革工芸講座担当。
1973年日本レザークラフト協会設立に参加、現在同会副会長
1975年森下造形研究室開設。革工芸の教育システムの開発、啓蒙活動、作品制作発表を続ける。皮革工芸史、特に日蘭貿易によって渡来した金唐革の研究、調査にあたる。
1983年日本革工芸会の設立に参加。
1995年より金城学院大学非常勤講師。生活工芸担当。
1996年より日本医療専門学校、愛知医療学院非常勤講師。基礎作業学を担当。作業療法士養成教育における革細工導入システム、作業分析の研究、実践。

森下造形研究室
〒461-0048 愛知県名古屋市東区矢田南1-6-27
Tel. 052-712-0721　Fax. 052-712-5538
e-mail milc@na.rim.or.jp
ホームページ http://www.na.rim.or.jp/~milc

革であそぶ 1
革細工入門

発行日	2005年5月10日　第1刷
	2008年7月5日　第3刷
著者	森下雅代 ©
発行人	大下健太郎
編集人	田中為芳
編集協力	吉田デザイン事務所
制作・撮影協力	森下造形研究室
	岩田奈緒美　森脇幸花　森下章生
参考作品制作	朝日カルチャーセンター革工芸受講生
発行	株式会社美術出版社
	東京都千代田区神田神保町2-38
	稲岡九段ビル8階　〒101-8417
	Tel. 03-3234-2173［編集］
	03-3234-2151［営業］
	Fax. 03-3234-1365
	振替 00150-9-166700
	http://book.bijutsu.co.jp/
印刷・製本	共同印刷株式会社
AD	吉田カツヨ
デザイン・DTP	吉田カツヨ＋エステム
撮影	桜井ただひさ

Printed in Japan
ISBN978-4-568-14094-1 C2072